O Mundo e o Mercado em Transformação Exponencial

Mundo VICA

Volátil, Incerto, Complexo, Ambíguo

Estamos Preparados?

O Mundo e o Mercado em Transformação Exponencial

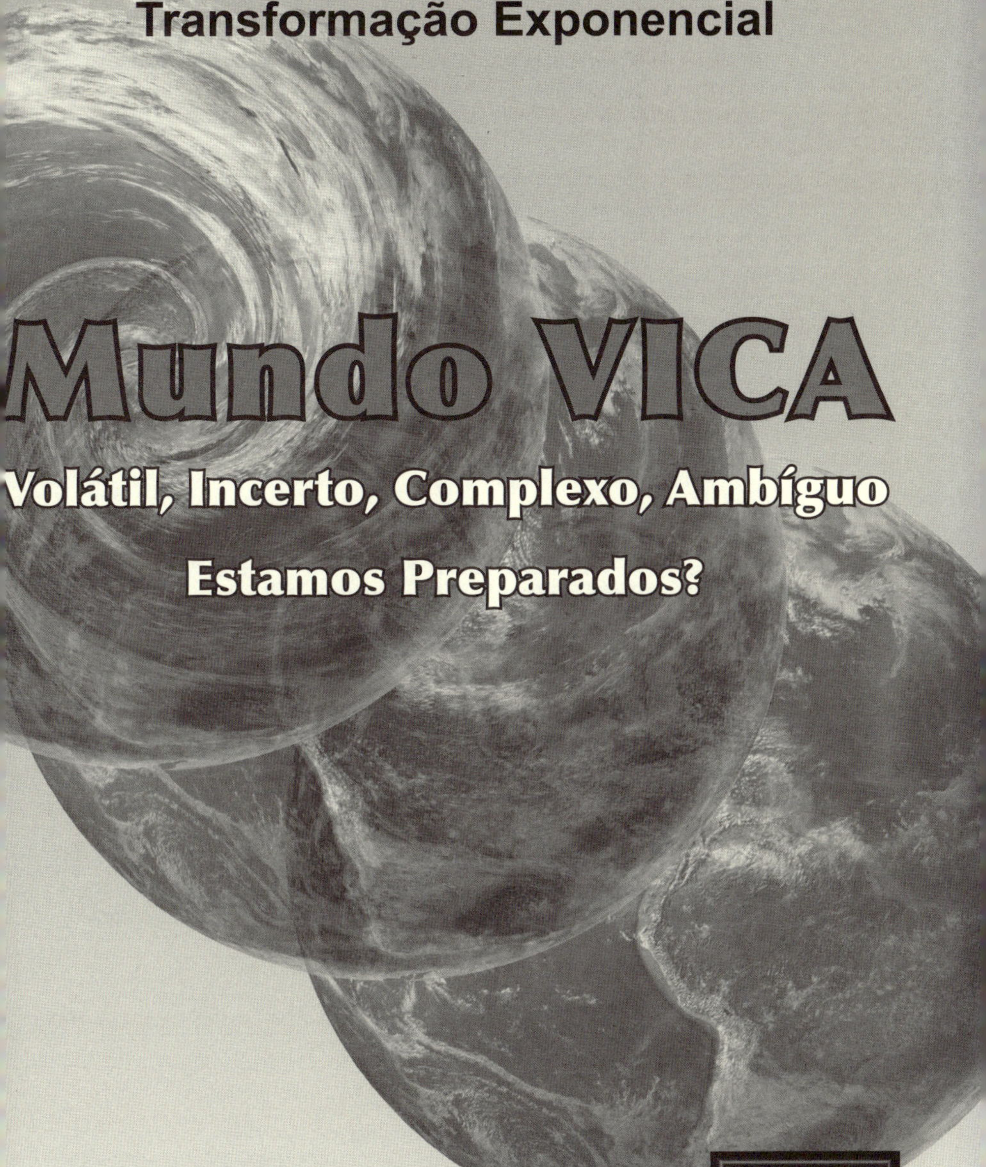

Mundo VICA

Volátil, Incerto, Complexo, Ambíguo

Estamos Preparados?

QUALITYMARK

Antonio Celso Ribeiro Brasiliano

Direção Editorial	Produção Editorial
SAIDUL RAHMAN MAHOMED editor@qualitymark.com.br	**EQUIPE QUALITYMARK**

Capa	Editoração Eletrônica
EQUIPE QUALITYMARK	**PS DESIGNER**

CIP-Brasil. Catalogação-na-fonte
Sindicato Nacional dos Editores de Livros, RJ

B831m

Brasiliano, Antonio Celso Ribeiro
Mundo VICA: volátil, incerto, complexo, ambíguo. Estamos preparados? / Antonio Celso Ribeiro Brasiliano. – 1. ed. – Rio de Janeiro : Qualitymark Editora, 2017.
144 p. : il. ; 21 cm.

Inclui bibliografia
ISBN 978-85-414-0329-0

1. Liderança. 2. Cultura organizacional. 3. Criatividade nos negócios. I. Título.

17-45402 CDD: 6584092
CDU: 65:316.46

2017
IMPRESSO NO BRASIL

Qualitymark Editora Ltda.	www.qualitymark.com.br
Rua José Augusto Rodrigues, 64 – sl. 101	E-mail: quality@qualitymark.com.br
Polo Cine e Vídeo – Jacarepaguá	Tels.: (21) 3597-9055 / 3597-9056
CEP: 22275-047 – Rio de Janeiro – RJ	Vendas: (21) 3296-7649

À Silvia, pelo incansável apoio ao longo de minha vida.

Aos meus filhos, Té e Ma, minha maior criação e fonte de incentivo.

Aos meus netos, Antonio e Anita, guerreiros da terceira geração,
que renovam constantemente a energia da minha vida.

Sumário

Palavras do Autor

Estamos entrando em um território marcado por turbulências imprevisíveis e mudanças exponenciais para as quais as empresas e seus líderes não estão preparados. É uma era em que tudo está sendo reinventado, rediscutido e reprogramado.

O mundo está transformando-se na velocidade da luz, de forma que os processos organizacionais, as culturas empresariais e os sistemas de tecnologia da informação do século XX já não suportam as novas demandas deste novo século XXI. As empresas, por meio da liderança de seus executivos, necessitam romper estrategicamente alguns dogmas da administração, impondo um ritmo de muita rapidez, agilidade e criatividade – RAC, suficiente para identificar e se beneficiar das janelas de oportunidades. Essas janelas, com aberturas pequenas, abrem-se e fecham-se muito rápido. Se os líderes não identificarem seus sinais, acabarão perdendo oportunidades que podem ser únicas nos dias de hoje.

A liderança terá que ser dotada de habilidades para lidar com um ambiente de negócios agressivo e incerto, cheio de disrupções e descontinuidades tecnológicas. Ao mesmo tempo, terá que manter o rumo da empresa e a confiança da sua equipe para alcançar os resultados. É um mundo extremamente turbulento.

Para sobrevivermos a essa avalanche temos que nos reinventar constantemente. Para isso é necessário quebrarmos os dogmas existentes assim como algumas regras, sair da zona de conforto, pensar fora da caixa e, principalmente, sermos ousados, já que teremos que correr riscos ao apostarmos em novas ideias e conceitos. Ou seja, temos que criar um segundo sistema, um segundo modo de fazer negócio, antes que as empresas menores, com estruturas leves, muita tecnologia e com jovens ávidos em vencer e acreditando em suas novas ideias surjam e tomem uma grande fatia do mercado. Essas novas empresas causam mudanças estruturais, fazendo com que as competências essenciais de hoje não sejam mais uma vantagem competitiva. Trata-se de algo sem importância nesse momento de disrupção.

O importante é a liderança enxergar que as incertezas estruturais surgem sempre do lado de fora das empresas. É um elemento fora de controle, uma variável externa incontrolável que, se não for detectada a tempo e não houver uma grande agilidade e flexibilidade em se adaptar ao novo ambiente que se forma, faz com que a empresa e o negócio morram. Podemos citar alguns exemplos, de forma rápida, para que tenhamos uma ideia da velocidade e disrupção hoje existentes:

1. A Dell Computers: derrubou os grandes *players* do mercado de computadores ao "inventar" o "modelo de negócio sob encomenda", que lhes permitia saber exatamente quando e quais componentes eram necessários. A agilidade da sua cadeia logística na entrega ao cliente decolou, pois o nível de estoque passou a ser quase zero. Com um giro rápido, margens baixas com preços baixos, a Dell conquistou o mercado. O que a empresa não conseguiu enxergar foi que a Lenovo, com preços baixos e inovação constante, poderia ser uma grande ameaça. Esta última passou a ser líder de mercado, deixando a Dell e a HP para trás. Simultaneamente, ocorreu outra grande mudança estrutural. A Apple, comandada pelo ousado Steve Jobs, lançou os tablets e smarphones. Toda a indústria de computadores foi pega de surpresa. Foi o declínio do mercado de desktops e laptops. Para a Dell, segundo os gurus da administração e estratégia, era o fim dos produtos

sob encomenda, pois as principais competências essenciais deixaram de ser vantagem competitiva;

2. Uber: disrupção no modelo de negócios dos táxis. O modelo econômico dos táxis do mundo inteiro não mudou nas últimas décadas, com tarifas reguladas e um alto preço de associação às cooperativas, o que limitava a entrada de novos concorrentes. Até que a Uber passou a oferecer "caronas" pagas por meio de aplicativos, com motoristas que dirigiam seus próprios carros. A Uber surgiu em 2012 em São Francisco – Estados Unidos. Em 2014 já estava presente nas principais cidades dos Estados Unidos e do mundo inteiro. Houve tentativa, por parte dos reguladores, de impedir, mas a força do mercado foi maior e hoje é uma realidade. A Uber quebrou um dogma ao criar um novo modelo de negócio, por meio de aplicativo, integrado com motoristas que tinham carro próprio, invertendo a ótica reguladora.

Esses exemplos mostram que a liderança tem que estar com seus radares ligados neste mundo turbulento. O ano de 2016 ficou marcado como o ano da Quarta Revolução Industrial, a revolução das máquinas, baseada no uso de sistemas físicos cibernéticos em que fenômenos como a internet das coisas, impressão 3D, Big Data, inteligência artificial, só para citar alguns, deixaram de ser ficção científica e passaram a fazer parte da nossa realidade.

A Quarta Revolução Industrial traz consigo um profundo impacto sobre a natureza das relações entre estados e a segurança internacional. Estamos sentindo a incerteza em todas as atividades: concorrentes ágeis e velozes, revolução algorítmica, ambiguidades econômicas no mundo inteiro, sistema financeiro global desestruturado. Essas são algumas variáveis incontroláveis, consideradas como forças motrizes, capazes de alterar os cenários dos inúmeros segmentos empresariais.

O grande desafio da liderança empresarial do século XXI é tomar decisões no meio desse contexto conturbado e extremamente incerto. A pergunta é: como tomar decisões se a volatidade de hoje é extremamente rápida e os acontecimentos são imprevisíveis? Será que o velho e bom planejamento estratégico, com ciclos de cinco a três anos, ainda valem?

A Quarta Revolução Industrial, tecnológica, mudará o caráter das ameaças à segurança e, ao mesmo tempo, influenciará as mudanças do poder que estão ocorrendo tanto geograficamente quanto de atores estatais como não estatais. Os atores não estatais estarão em poder de um número massivo de armamentos dentro de um contexto geopolítico cada vez mais complexo, com uma perspectiva de colaboração e cocriação limitada, o que torna o desafio dos governantes e líderes, de costurar essa malha estratégica de relacionamentos, algo cada vez mais complexo.

As informações, ideias e pessoas estão viajando mais rápido do que nunca. O mundo já é "hiperconectado" e com desigualdades crescentes, levando ao aumento da fragmentação. Segregação e agitação social que, por sua vez, criam condições para o extremismo violento. Essas grandes desigualdades tendem a se agravar pelas mudanças maciças do mercado de trabalho. Já estamos vivenciando isso! Como conviver com essas ambiguidades?

Alargando a exclusão social, a perda de fontes confiáveis das elites estabelecidas e estruturas, percebidas ou reais, movimentam os extremismos. Em 2015 assistimos de camarote aos trágicos deslocamentos humanos, mobilidade, movimento de pessoas em todo o mundo em busca de algo melhor. Esse fenômeno tornou-se significativo. Pergunto: qual será o impacto da Quarta Revolução Industrial, com toda a sua tecnologia, na mobilidade humana?

Os estudiosos estimam que a mobilidade terá um papel cada vez mais importante na sociedade e na economia do futuro. Vejamos:

a. Realizações de aspirações: a mobilidade é vista como sendo uma escolha de vida;
b. Redefinição das identidades individuais: as pessoas estão mais à vontade em gerenciar suas vidas com múltiplas identidades;
c. Redefinição da identidade familiar: cada vez mais a unidade familiar tradicional está sendo substituída pela rede familiar transnacional;

d. Remapeamento dos mercados de trabalho: a mobilidade de talentos é um gerador de criatividade, de inovação industrial e eficiência de trabalho.

Então, a Quarta Revolução Industrial criou a fusão dos mundos físicos, digitais e biológicos? Transcende as limitações do tempo e espaço, incentivando a mobilidade?

São perguntas ainda sem respostas claras. Teremos que trabalhar e, ao mesmo tempo, monitorar, executando a gestão da mobilidade social, humana, para garantir que seus benefícios sejam plenamente realizados por meio do alinhamento de direitos e obrigações soberanas com os direitos e obrigações individuais, por intermédio da reconciliação da segurança nacional e humana e pelo encontro de formas que consigam manter a harmonia social em meio à grande diversidade que estamos vivendo e viveremos.

Ao mesmo tempo que a Quarta Revolução Industrial causa essa consequência no quesito social, temos a democratização no mundo digital. Tal ambiguidade leva-nos aos dias de hoje, onde a única certeza é a mudança em um ritmo paranoico e alucinante. A concorrência não é mais a multinacional no exterior, pode ser um *startup* em uma garagem em Mumbai, na Índia, ou no Vale do Silício, nos Estados Unidos. Essas pequenas empresas, compostas pela geração atual, utilizam as mais recentes ferramentas on-line para projetar e imprimir, a partir da nuvem, sua mais recente inovação.

A pergunta, agora, não é mais baseada na questão da incerteza, mas em como os líderes podem aproveitar esse poder criativo. Como eles podem desconstruir suas estruturas organizacionais e tornar suas corporações mais ágeis, hábeis e inovadoras? Como os líderes acharão pessoas com perfis de verdadeiros revolucionários? Como os líderes irão competir nesse mundo acelerado e novo?

O mundo, hoje, vive uma expansão exponencial, com uma aceleração muito forte. Os líderes empresariais estão vivenciando em seus processos, serviços e produtos, o chamado 6D's: digitalizado, dissimulado, disruptivo, desmaterializador, desmonetizador e democratizador, o que explicarei mais detalhadamente no decorrer do livro.

Nenhuma empresa, se não estiver preparada, seja governamental, comercial ou sem fins lucrativos, conforme configurada no momento, poderá acompanhar o ritmo que será definido por esses 6 D's. A saída estratégica é quebrar os dogmas existentes e criar algo radicalmente inédito, uma inovadora visão de empresa, que seja tecnologicamente inteligente, adaptável e abrangente (não só de colaboradores, mas de milhões de pessoas conectadas à organização por meio das redes sociais, visando operar nesse novo mundo.

Neste livro apresento os atributos que as empresas devem ter para criar e manter um ciclo constante de criatividade e inovação, com espaços curtos de manobra. O livro é dividido em três partes. Na primeira parte eu contextualizo a falta de linearidade vivida pelo mundo, tendo os líderes que enfrentar o chamado Mundo VUCA, que é acrônimo em inglês de Volatility, Uncertainty, Complexity e Ambiguity – em português, Volatidade, Incerteza, Complexidade e Ambiguidade, que chamo de Mundo VICA. Faço um paralelo, pois esse termo foi cunhado na War College do Exército Americano, entre as situações de guerra e o mundo empresarial, e cito alguns exemplos, tanto dos contextos militares como dos empresariais, em que algumas empresas foram engolidas pelo VICA por falta de visão e de acuidade perceptiva (falta de preparação psicológica e mental para enxergar além do campo de visão e identificar anomalias) de seus líderes.

Na segunda parte dou uma sugestão de quais atributos, tanto internos como externos, as empresas deste século XXI devem ter para sobreviver e possuír uma produtividade exponencial, visando vencer neste mundo não mais linear. Apresento algumas ferramentas, que considero estratégicas, para os líderes utilizarem de forma integrada. É a minha visão, com base na experiência que tenho em assessorar, nestes últimos 30 anos, empresas de inúmeros segmentos, tanto do Brasil como do Exterior e de implantar processos de Gestão de Riscos Corporativos que devem estar totalmente integrados com a estratégia das empresas.

Na terceira parte descrevo qual é o perfil da liderança empresarial para conduzir as empresas neste mar revolto, como diz Ram Charan, "por estas curvas fechadas". O perfil da liderança não poderá ser nem especialista nem generalista, mas sim nexialista, com olhar aguçado e nunca satisfeito com o status quo. Deve saber onde buscar as soluções, trabalhar em equipe, com liderança fluida e definida pelas condições do "campo de batalha".

Se mergulharmos na incerteza e não fugirmos dela, teremos uma visão sobre as possibilidades de criar algo inédito e que agregará valor. Quanto mais formos amantes da incerteza, mais conheceremos as suas características intrínsecas de forma melhor enfrentá-la, estando mais autoconfiantes para liderar.

O professor John Seely Brown, parte cientista, parte artista e estrategista, cujo foco de pesquisa inclui o impacto da globalização sobre os negócios, a gestão da inovação radical, a cultura digital, a computação ubíqua e a aprendizagem organizacional e individual, argumenta: "(...) que a informação só adquire significado através de seu contexto social. Todas as arquiteturas corporativas foram definidas para resistir ao risco e à mudança." Além disso, frisou que as empresas realizam planejamento corporativo para tentar aumentar a eficiência e a previsibilidade, querem trabalhar em um ambiente estático, na crença que o risco será reduzido. No mundo VICA, Seely Brown disse: Oposto é verdadeiro. O maior risco é não correr nenhum risco."

Para apoiar a gestão da organização nesse caminho desafiador é que apresento meu livro, que traz reflexões para ajudar na travessia deste nosso mundo VICA, de forma a manter todos atentos às oportunidades que possam surgir.

Encerro estas minhas palavras iniciais pedindo que os leitores façam uma reflexão tomando como base as palavras do explorador da Antártica, Norman Vaughan. É importante para quansdo tiverem dificuldade de colocar em prática o processo ou encontrar resistência de seus pares ou superiores.

"Dream Big and Dare to Fail" (Sonhe grande e ouse fracassar)

Recado: Não tenhamos medo neste mundo VICA. Se temos convicção e atitude, vamos em frente. Sucesso a todos!

Prof. Dr. Antonio Celso Ribeiro Brasiliano, CRMA, CES, DEA, DSE, MBS
abrasiliano@brasiliano.com.br
São Paulo, Outubro de 2017.

PRIMEIRA PARTE

Desafio da Liderança Empresarial do Século XXI

1. Contexto Estratégico

A tomada de decisão estratégica é extremamente difícil, exigindo uma pesquisa exaustiva, análise, colaboração e compromisso de forma a alcançar as melhores soluções possíveis para os problemas.

Mesmo líderes altamente experientes – especialmente líderes altamente experientes – podem ser tentados a não seguir um processo estruturado, fazendo a sua substituição pela "adivinhação educada" ou "intuição" das coletas de informações, avaliação e gerenciamento de riscos. Isso passa a ser um grande risco, pois as decisões podem ser tomadas de forma completamente intuitiva, ou pelas restrições de recursos e/ou considerações políticas nas corporações.

O ambiente competitivo exige que as organizações assumam riscos. A estratégia é saber até onde ou até quanto a empresa pode ou deve assumir os riscos, sem colocar em alta exposição sua sobrevivência. Vou citar quatro casos para que tenhamos uma ideia clara do que está sendo dito ao discorrermos sobre estratégia versus riscos x dogmas.

Podemos começar pelo caso da BP no Golfo do México. Quando virou presidente da BP, em 2007, Tony Hayward prometeu fazer da segurança a prioridade número um. Entre as novas regras que instituiu estava a exigência de que todo trabalhador, em movimento, usasse copo com tampa para tomar café e não mandasse mensagens de texto enquanto dirigia. Três anos depois, ainda no mandato de Hayward, a plataforma de petróleo Deepwater Horizon explodiu no Golfo do México — um dos piores acidentes com a mão do homem na história. A comissão encarregada do inquérito nos Estados Unidos atribuiu a tragédia a falhas de gestão que minaram "a capacidade dos indivíduos envolvidos de identificar os riscos que enfrentavam e de corretamente avaliá-los, comunicá-los e corrigi-los".

O caso de Hayward reflete um problema comum. Apesar de todo o discurso e do dinheiro investido, a tomada de decisão não leva em conta a gestão de riscos, que ainda costuma ser tratada como uma questão de cumprimento de normas e/ ou simplesmente estar em compliance. Isto significa que a liderança considera alta probabilidade de resolver os problemas com a adoção de regras infindáveis – e a fiscalização para que todo funcionário as siga. Naturalmente, muitas dessas regras são sensatas e reduzem os riscos capazes de abalar seriamente a empresa, mas uma gestão de riscos fundada em regras não vai reduzir nem a probabilidade nem o impacto de uma tragédia como a da Deepwater Horizon.

Este é o típico caso da tomada de decisão intuitiva, sem uma avaliação estruturada, já que o risco poderia gerar tanto consequências negativas quanto positivas. Para conseguir um retorno maior com sua estratégia, uma empresa aceita voluntariamente um certo risco. Ao emprestar dinheiro, um banco assume risco de crédito, por exemplo, assim como, em outros casos, muitas empresas assumem risco em atividades de pesquisa e desenvolvimento. Portanto, se o retorno esperado de uma estratégia for alto, em geral a empresa terá de assumir riscos consideráveis – e administrar esses riscos é crucial para obter os potenciais ganhos. A BP aceitou o alto risco da exploração de petróleo a quilômetros abaixo da superfície do Golfo do México devido ao alto valor do óleo e do gás que esperava extrair dali. Ou seja: assumiu todas as consequências da aceitação dos riscos.

Não há como administrar riscos neste mundo volátil e dinâmico, com um modelo de controle baseado em regras. Em vez disso, é preciso um sistema de gestão de riscos que reduza a probabilidade de que aqueles já assumidos venham a se concretizar, aumentando a capacidade da empresa de administrar ou conter problemas correlatos que eventualmente ocorram. Um sistema desses não faria a empresa desistir de empreendimentos de risco; ao contrário, permitiria que entrasse em projetos de maior risco e maior retorno do que concorrentes com uma gestão de riscos menos eficaz.

O segundo caso, oposto ao da BP, é o extremo, criterioso demais antes de tomar decições, paralisando a empresa – o que também pode ser explicado pelo medo de sair da zona de conforto, "esticando o elástico do produto até o limite". É o caso da Kodak. Sua história tem início em 1878, quando George Eastman, escriturário júnior de 24 anos de um banco, saiu de férias para a República Dominicana. Queria registrar suas férias e optou por adquirir toda a parafernália que os equipamentos da época exigiam: uma câmera fotográfica muito grande, tripé, jarro de água, porta-chapas pesados, as chapas em si, tanques de vidro, inúmeras substâncias químicas e uma tenda para realizar a revelação. Ou , teve mais trabalho que diversão. Acabou ficando obsecado por química, parte do processo da fotografia. Eastman pensou em produzir um processo mais portátil, menos trabalhoso para o usuário. Levou quase dois anos para inventar a chapa seca e uma máquina para frabricá-la. Nascia a Eastman dry Plate Company. Em 1884, criou o filme de rolo e, em 1888, uma máquina para utilizá-lo. No mesmo ano ficou comercial e, a partir daí a empresa passou a oferecer não só o rolo e a máquina, mas também o processo simplificado de reveleação dos filmes. Para isso, bastava que o cliente apertasse o botão. Em 1892, trocou o nome da empresa para que ela fosse mais fácil de ser lembrada. Como gostava da letra K, colocou Eastman Kodak Company. O que na verdade George Eastman queria era transformar a fotografia em algo tão simples e conveniente como um lápis, acessível a todos. Foi assim que a Kodak ficou em sua zona de conforto por quase 100 anos.

Em 1975, Steven Sasson conseguiu, com uma pequena equipe técnica, criar a primeira câmera fotográfica digital do mundo. Algo inédito, inovador, disruptivo, que não mais utilizaria rolos e os serviços de revelação que a Kodak usava para comercializar os seus produtos. Qual foi a reação dos líderes da Kodak frente a essa disrupção dentro da própria casa? Steven Sasson conta que, ao mostrar um equipamento sem filme, sem impressão em papel, em 1976, na

Kodak, ele esperava perguntas sobre tecnologia: Como funciona? Como você inventou isso? Infelizmente, não foi o que ouviu. As perguntas basicamente foram: Por que alguém iria querer ver suas fotos em uma tela eletrônica? Quando será viável usá-la? O mercado vai aceitar? Resistência, miopia e medo de sair da zona de conforto. Com essa atitude os líderes esqueceram o propósito da Kodak, ser tão conveniente como um lápis. O modelo de negócio da Kodak foi mudando, começou com produtos fotoquímicos e papel fotográficos para, em seguida, dominar o de conveniência. A Kodak era o meio de expressão dos momentos, o desejo de documentar a vida, o crescimento dos filhos, o casamento, momentos passageiros. O negócio da Kodak era, então, registrar lembranças.

Em 1996, 20 anos após a invenção da máquina digital, a Kodak tinha 140 mil funcionários e valor de mercado em torno de US$ 28 bilhões de dólares. Nos Estados Unidos dominava 90% do mercado de filme e 85% do mercado de câmeras. Como tinha esquecido ou dogmatizado seu propósito, registrar lembranças, não atentou que a câmera digital fazia parte do seu negócio, era na verdade a essência do século XX, e que poderia haver uma disrupção. Os líderes, com medo de competir com eles mesmos, decidiram simplesmente enterrar a câmera digital, achando que ninguém mais poderia pensar em fabricar uma. Com o domínio de mercado que a Kodak tinha na época, se tivesse lançado uma câmera digital, seria pioneira e inovadora, tendo quase garantia de continuar à frente das concorrentes. Ao contrário, foi dominada por elas. A Kodak errou ao pensar somente no crescimento linear, não no exponencial. A progressão +1 de crescimento linear, em que 1 se torna 2, depois 3, que se torna 4 e assim por diante. Já o crescimento exponencial é duplicação composta: 1 se torna 2, que se torna 4, que se torna 8, e assim por diante.

Hoje o mundo VICA é exponencial e não linear, com uma grande velocidade. No caso da Kodak, a velocidade foi mais lenta em função do contexto do século XX. O negócio passou do processo físico (imagens em filmes e armazenamento em papel) para digital (imagens captadas e armazenamento zero), e o crescimento tinha que ser exponencial.

Os líderes da Kodak dogmatizaram seu modelo de negócios, focaram em resultados de curto prazo, sem compreender a disrupção que logo viria. Não captaram os sinais, os sintomas de que se não competissem com eles mesmos, estruturando um modelo dual, em que eu permaneço com um antigo enquanto o novo está sendo estabelecido terei, em algum momento, de abandonar o negócio. E foi o que aconteceu. Quando a Kodak acordou, já era tarde! Começaram as dificuldades na década de 1990, em 2007 não mais lucrou e, em 2012, pediu concordata. A Kodak, uma empresa gigante de 100 anos, por ter esquecido seu propósito, por não ter ousado e entendido o efeito exponencial da disrupção, caiu de joelhos e ficou sendo mais um caso de alerta aos futuros líderes em cursos de MBA. A história, entretanto, não acaba aqui. Os fabricantes de câmeras digitais também cometeram o erro de dogmatizar. Vejamos: no caso da Kodak, houve o desaparecimento do filme fotográfico, pois as câmeras digitais entraram em ação e dominaram o mercado de 1990 em diante. No entanto, em 2008, um ano após o lançamento dos smartphones, que tinham como componente uma câmera digital de alta qualidade, com muitos megapixels, as câmeras digitais se desmaterializaram. Em 1976 a Kodak tinha 85% do mercado de câmeras e, em 2008, um ano após o lançamento do iPhone com câmera de alta qualidade, o mercado de câmeras simplesmente desapareceu.

Vejam que o ciclo de tempo foi bem menor entre as câmeras digitais e os smartphones. Bem-vindos ao Mundo VICA.

O terceiro caso é o clássico, não poderia deixar de escrever: Ford versus GM versus carros japoneses. A indústria automobilística americana remonta a 1893, quando foi fabricado o primeiro carro de um cilindro. Na época, o cavalo e a carroça é que predominavam como principais meios de transporte. Os automóveis eram uma novidade de luxo. Eram ainda pouco confiáveis e muito caros, em torno de US$ 1.500, o que significava duas vezes a média de renda familiar anual. O setor era pequeno e pouco atrativo. Mas Henry Ford não acreditava que a situação era imutável!

Em 1908, quando os 500 fabricantes de automóveis dos Estados Unidos produziam carros sob encomenda, Henry Ford lançou o modelo T. Era denominado "carro das multidões, produzido com os melhores materiais". Ford padronizou o Ford Modelo T, em uma única cor e modelo, de tal forma que ficou fácil fabricar por meio de linhas de montagens, e de consertar. Além do mais, era um carro confiável. O preço era acesssível para a família americana, começou em 1908 com US$ 850, em 1909 já caiu para US$ 609 e, em 1924, US$ 290. Seu concorrente mais árduo, a carruagem, custava em torno de US$ 400. A grande sacada de Ford foi criar um modelo de negócios da seguinte forma: seu produto era padronizado, sem opção, componentes intercambiáveis e com uma linha de montagem que substituiu os artesãos por trabalhadores menos qualificados, que realizavam pequenas tarefas com mais rapidez e maior eficácia, o que gerou uma redução de fabricação de vinte e um dias para quatro. Isso possibilitou corte de mão de obra de 60%, repassando os custos mais baixos para o mercado. Escala, muita escala, era o objetivo da Ford. As vendas explodiram, saíram de 9%, em 1908, para 61%, em 1921. Em 1923 grande parte das famílias americanas já tinha seu Modelo T. A Ford criara o mercado de massa, uma estratégia excelente para quem não tinha nada, além de uma renda baixa. Após esse momento de ascenção, Ford cometeu seu maior erro: dogmatizou seu modelo de negócio, não acompanhando as expectativas do mercado. Em 1930 o mercado americano já estava saturado, as concesssionárias não convenciam mais as pessoas a terem um novo carro ou trocarem os antigos por um carro mais moderno. Por que fariam isso se se o modelo era igual e o que eles tinham já era de excelente qualidade? Além do mais, não iríam comprar o mesmo carro. Não fazia sentido! Ford foi genial em 1920 e catastrófico em 1930. Só para termos uma ideia, em 1920 o lucro da Ford foi de US$ 82 milhões, mas destes, só US$ 4 milhões foram de fabricação/venda. Ou seja, 5% de fabricação e 95% de manutenção. O lucro por unidade era de US$ 2. Sinais de problemas no modelo de negócio.

Alfred Sloan, presidente da GM na época, tinha já detectado este sinais e as expectativas dos clientes. A GM, definiu de novo, ao contrário da Ford, o papel do consumidor. Sloan, introduziu em 1924 o conceito de um carro para cada renda e cada finalidade, criando a estratégia para as dimensões emocionais do mercado de massa americano. Sloan segmentou o mercado. Tornou os carros divertidos, excitante, confortável e elegante.

A GM produziu ampla variedade de modelos, com novas cores e estilos, atualizados todos os anos. Criou o conceito do "MODELO DO ANO", uma nova demanda nasceu, pois os compradores começaram a buscar melhores modelos em termos de moda e conforto. SLOAN, além de segmentar o mercado, criou o mercado dos carros usados, pois passou a aceitar o usado como entrada. Produziu diferentes linhas de carros com preços diferentes; sociedade complexa, modelo de negócio mais estruturado e com preço maior, pois agrega valor para o cliente. Sloan reinventou de forma radical o conceito do automóvel, saiu da fabricação pura de manufatura e entrou no negócio de design automotivo. A demanda pelos carros elegantes e cheios de emoção da GM disparou. A GM aumentou sua participação de 20% a 50% enquanto a Ford caiu de 50% para 20%. As três grandes da indústria automobilística Ford, GM e Chrysler seguiram na mesma estratégia, tendo um mercado em conjunto de 90%. E assim iniciou-se um período de acomodação, zona de conforto. As três gigantes mais uma vez dogmatizaram sua estratégia, tornando-a perpétua. Grande erro!!

Na década de 1970 os japoneses contrariaram a lógica, desafiando a indústria automobilística americana com carros pequenos e eficientes. Em vez de quanto maior melhor e se concentrar no luxo, os japoneses perseguiram qualidade implacável, dimensões reduzidas e novos conceitos de utilidade em termos de alta eficiência no consumo de combustível.

Quando a crise do petróleo estourou, na década de 1970, os americanos não questionaram e optaram para os veículos eficientes e robustos, produzidos pelas empresas japoneas Honda, Toyota e Nissan. Na noite para o dia os japoneses eram heróis na mente dos consumidores. E a demanda pelos carros japoneses disparou. As três grandes concentradas no benchmarking entre elas, não estavam com as antenas do lado de fora do mercado, não pressentiram os sinais e sintomas de mudanças do mercado. O impacto para as três grandes foi massivo, chegando em 1980 na casa de US$ 4 bilhões de dólares. Os japoneses foram eficazes na sua estratégia que os três grandes tiveram dificuldade em reconquistar o mercado, sua competitividade e viabilidade de longo prazo. Caso da Chrysler.

Lição aprendida: não se pode dogmatizar a estratégia e ou o propósito da empresa, pois como o mercado é VICA – volátil, incerto, complexo e ambíguo, tem-se que estar em constante inovação, se reinventando o tempo todo, em movimento. Tem que possuir um processo de identificação de incerteza estrutural. Estrutural porque as forças atuantes de hoje, como são exponenciais, minam a estrutura existente de um mercado ou setor específico, colocando-o em risco ou até extinção.

O quarto caso aconteceu com a gigante filandesa de telefonia móvel Nokia, no primeiro semestre de 2007 (tavez em março ou abril), ou seja, há uma década atrás. Nokia comprou pela bagatela de US$ 8,1 bilhões de dólares a empresa Navteq, empresa de navegação e mapeamento. A Nokia queria a Navteq porque esta dominava a indústria de sensores de tráfego. A Nokia concluiu que o controle desses sensores permitiria dominar o mapeamento e a informação on-line e móvel da região. Teoricamente recursos que agiriam como uma barreira defensiva contra a crescente predação de mercado do Google e Apple.

O preço pago pela Nokia, diga-se estratosférico, garantiria quase que um monopólio da indústria de sensores de tráfego. Só na Europa, os sensors da Navteq cobriam aproximadamente 400 mil quilômetros em 35 grandes cidades espalhadas por 13 países. Na visão da Nokia, o serviço de monitoramento em tempo real do tráfego global com os respectivos sensores, seria possível competir com o Google nos dados em tempo real e, ao mesmo tempo, defender-se do novo produto revolucionário da Apple.

A Nokia não previu, nem imaginou ou prospectou, o que chamamos de incerteza estrutural. Quase que na mesma época da compra da Navteq uma empresa israelense foi fundada, o Waze.

Os fundadores do Waze, optaram em utilizar o crowdsourcing (fonte de informações oriunda de multidões) de informações de localização de GPS nos telefones dos usuários . Aproveitaram o novo mundo dos smartphone que havia acabado de ser anunciado pela

Apple por Steve Jobs – para capturar informações de trânsito. Ou seja, o Waze sem investimentos massissos de hardware na forma de sensores de tráfego, em dois anos, o número de fontes de dados era do tamanho do número de sensores da Navteq e, em quatro anos esse número era dez vezes maior. Ponto importante, o custo para adicionar mais uma fonte no Waze era zero em comparação com a Navteq. Sem falar que a confiabilidade das atualizações do Waze eram muito melhores, pois os usuários regularmente faziam as respectivas atualizações, o que mantinha o Waze em tempo real. Ao contrário da Navteq, que suas atualizações tinham um custo alto.

A Nokia fez uma grande jogada para deter a Apple e o Google, mas com uma enorme compra de ativo que sua manutenção e atualização exigiam custos muito elevados, só equilibrados se tivessem uma base de clientes que pagassem pelo serviço. Erro estratégico da Nokia foi não ter compreendido com maior profundidade as implicações exponenciais que os smartphones com GPS poderiam fazer, integrado a um aplicativo. O esforço defensivo da Nokia acabou como um estrondoso fracasso. Em junho de 2013, seis anos após a fundação, o Waze foi vendida para o Google por US$ 1,1 bilhões. O Waze não possuía infraestrutura, nem hardware e uns 100 colaboradores. O que o Waze tinha? Só 50 milhões de usuários, ou seja, 50 milhões de sensores de tráfego humanos, o dobro em relação ao ano anterior

E a Nokia? Em junho de 2012, seu valor de mercado caiu de US$ 140 bilhões de dólares para US$ 8,2 bilhões de dólares, preço que pagou pela Navteq. A maior empresa de telefonia do mundo perdeu sua liderança e, por ter perdido o capital estratégico e necessário para retomar sua posição, provavelmente não irá ser mais líder do setor. Nokia seguiu o pensamento linear, investindo em infraestrutura física, pensando que esta ação iria barrar novos competidores. Esta barreira só seria válida para sensores de tráfego e não desenvolvedores de aplicativos, que simplesmente driblou os sensores físicos pegando carona com os usuários de smartphones.

Neste mundo VICA, o que mais vale, o que mais agrega são as informações. Só para que o leitor saiba, a Microsoft, adquiriu as patentes de negócio de aparelhos de telefones celulares da Nokia por US$ 7,2 bilhões de dólares, ou seja, US$ 1 bilhão de dólares a menos que a

Nokia pagou pela Navteq. O que a Microsot quer com telefones celulares? Ganhar participação de mercado com seu software, o Windows Phone. Quer impedir que o Google e a Apple tenham exclusividade na inovação, integração, distribuição de app. Irá conseguir? O tempo dirá...

Este último caso fica bem explícito o modo de pensamento que as empresas do século XXI devem adquirir. Vimos que a Nokia teve e agiu com o clássico pensamento linear, já a Waze operacionalizou o pensamento exponencial. Ponto importante, enquanto a Nokia dependia da velocidade da instalação física, a Waze se beneficiou da velocidade exponencialmente maior que a informação pode ser acessada e compartilhada. Esta a verdadeiramente a singularidade.

2. Os 6 D's

O futuro é a execução imperfeita do desconhecido, no presente. Nos negócios, o futuro é sempre uma questão de vida ou morte. Quem consegue dar o salto entre o aqui e agora e o lá e então...sobrevive.Todos os outros irão cair com o tempo, haja visto o grande volume de CNPJ's que existem no cemitério empresarial. Hoje com a Quarta Revolução Industrial, puramente tecnológica e digital, a inovação passa a ser um componente estratégico para todo e qualquer tipo de negócio, indo desde a modelagem de como fazer o negócio em si, até os produtos e serviços oferecidos ao mercado.

Para que a empresa possa dar o salto para o futuro, a inovação tem que começar a ser feita no presente, aqui e agora. Ou no passado para poder entender as origens. O grande desafio dos líderes deste século XXI de hoje é a de resolver a luta entre passado, presente e futuro, no momento atual, ou seja, no presente. O passado teima em ir para o futuro, através do presente; o futuro não encontra um caminho para vir para o presente de lá; e, no presente, não há tempo suficiente para tratar nem de um nem de outro. O presente consome possíveis futuros, pois a volatidade, incerteza, complexidade e ambiguidade é tamanha que os líderes acabam ficando míopes, enxergando apenas o retrovisor.

O mundo dos negócios e os dos riscos, vivem em paralelo, com uma velocidade e expansão exponencial. Há a necessidade de compreensão como que esta mudança neste século XXI está acontecendo, e, isto significa compreender as características próprias dos exponenciais. O modelo foi desenvolvido por Peter Diamandis, Fundador da Singularity University, instituição de ensino de referência em inovação, situada no Vale do Silício, Califórnia, Estados Unidos. Diamandis denomina o Modelo Exponencial de 6 D's, são eles: digitalização, dissimulação (crescimento disfarçado), disrupção, desmonetização, desmaterialização e democratização. Vamos detalhar seus conceitos e definiçãoes para que possamos entender e identificar seus sintomas das mudanças radicais do mercado em que os líderes e suas empresas estão inseridas, antecipando desta forma ameaças e oportunidades denominadas de exponenciais. Cabe ressaltar que estes 6 D's são sempre uma reação em cadeia da progressão tecnológica, uma espécie de guia que sempre leva a rebeliões e a oportunidades.

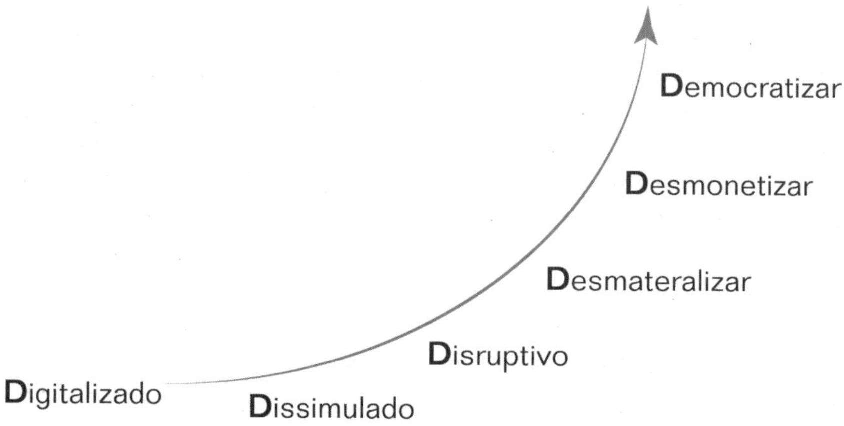

Figura 1: OS 6 D's DOS EXPONENCIAIS

Fonte: Peter H. Diamandis,htp://www.abundance.hub.com – adaptado pelo autor

Digitalização: essa ideia começa com o fato de que a cultura torna o progresso cumulativo. A inovação ocorre à medida que há compartilhamento e troca de ideias. Qualquer coisa pode ser digitalizada, ou seja representada por uns zeros, podendo ser disseminada à velocidade da luz ou ao menos da internet. A disseminação segue o padrão de uma curva exponencial. No caso da Kodak, quando passou do físico (filmes e papel) para o digital (imagens captadas e armazenamento uns zeros), seu ritmo de crescimento passou a ocorrer em curva exponencial;

Decepção: Logo em seguida a digitalização, vem a decepção, onde o crescimento é disfarçado, passa quase despercebido. Isso ocorre porque a duplicação dos números pequenos produz, logicamente, resultados pequenos, o que leva a uma interpretação míope, como lento crescimento. Ponto importante é que neste estágio é onde os executivos de negócios e de riscos devem colocar a lupa, pois o crescimento exponencial começa a tornar-se disruptivo. Caso os executivos não enxerguem esta disrupção, perdem a janela de oportunidade. No caso da Kodak os megapix iniciais da câmera digital de 0,01 para 0,02 para 0,04 para 0,16. Parecem poucos para um olhar desatento, mas há sintomas de mudanças no horizonte;

Disrupção: é uma inovação tecnológica que cria um mercado e abala outro já existente, de tal forma que pode jogá-lo para fora da arena de competidores. A pergunta sempre é a mesma: por que não enxergamos esta disrupção? Simples a resposta, a disrupção sempre vem após a decepção, então a ameaça original sempre vai aparecer pequena e insignificante. Então se o gestor de risco não consegue enxergar o tsunami vindo, quando este chega, vem arrasando com uma série de produtos e serviços e, geralmente as empresas são pegas de surpresa. Foi o que aconteceu com a Kodak, quando acordou já era tarde, não era mais possível acompanhar o mercado.

Desmonetização: significa retirar o dinheiro da equação. Os produtos e serviços acabam ficando praticamente "free". Exemplo: O Skype desmonetizou a telefonia de longa distância; O Napster a indústria da música. Mas como a desmonetização é também dissimulada, as empresas, com seus executivos e gestores de riscos, nunca estão preparadas para as mudanças radicais. Caso da Kodak retirou os custos de revelação e compra de filmes. Depois com os smartphone as câmeras vieram no pacote;

Desmaterialização: Se a desmonetização desaparece com o dinheiro, antes pago com serviços e ou produtos, a desmaterialização consiste no desaparecimento dos próprios produtos e serviços. Citamos o caso da Kodak, com a Câmera Digital, que fez o desaparecimento dos filmes fotográficos e em seguida com a vinda dos Smartphones, que logo passou a ter como componente uma câmera de alta qualidade, as câmeras digitais se desmaterializaram. As câmeras passaram a virem grátis nos telefones. Em 1976 a Kodak possuía 85% do negócio de câmeras fotográficas. Em 2008, um ano após o lançamento do iPhone (primeiro smartphone com câmera digital de alta qualidade), o mercado dos filmes e câmeras fotográficas não mais existia!;

Democratização: É o que ocorre quando os custos tangíveis ficam tão baixos que se tornam acessíveis a quase todo mundo. A democratização é o resultado lógico da desmonetização e da desmaterialização. Para que tenhamos uma idéia deste tsunami, o Professor Richard Foster, da Yale University, realizou uma pesquisa onde concluiu que o tempo médio das 500 maiores empresas, na década de 1920 era em torno de 67 anos. Hoje não é mais realidade. Os últimos 3D's, em cadeia produzem uma reação exponencial, desmontando organizações e setores quase que da noite para o dia, reduzindo o tempo médio de vida no século XXI para 15 anos. O Professor Foster comenta ainda que em 2020 mais de três quartos das 500 maiores empresas serão organizações que ainda não ouvimos falar!

Pergunta estratégica para os líderes e gestores de riscos: conseguiremos acompanhar os riscos emergentes e disruptivos que impactarão massivamente os serviços e produtos da empresa? Identificaremos as incertezas críticas a tempo de reduzir seus impactos?

São perguntas sem respostas ainda. Estamos tentando acompanhar, mas nosso desafio é também muito grande. Um ponto para mim é claro, temos que continuar "pisando em terreno minado", mergulhando de cabeça na incerteza, com o objetivo de entender as causas e origens. Quanto mais formos amantes da incerteza, mais conheceremos as suas características intrínsecas e poderemos melhor enfrenta-la. Só desta maneira é que a gestão de riscos agregará valor para a empresa neste mundo VICA: Volátil, Incerto, Complexo e Ambíguo.

3. Mundo Vica: Conceito e Definição

3.1 Introdução

Antes de entrarmos do conceito, definição e origem do mundo VICA: volatidade, incerteza, complexidade e ambiguidade, gostaria de explanar outro negócio que está mexendo com o mercado financeiro, mais precisamente os Bancos.

Globalmente, o setor financeiro tem passado por profundas transformações nos últimos anos: a internet e a mobilidade tornaram agências bancárias quase obsoletas, novas ameaças de ataques e de fraude obrigaram instituições a renovar sua segurança digital e tendências como nuvem e Big Data têm modificado a forma como serviços são entregues.

Os Bancos, não inovam no seu modelo de negócio, há muitas décadas. Inovam em termos de tecnologia, mas cobram por isso taxas que todos os clientes acabam reclamando. Este mercado um dos mais regulados, está agora começando a viver seu momento VICA, pois uma nova onda de empresas nascidas já na era destas transformações digitais promete trazer ainda mais mudanças e exigir mais agilidade das instituições financeiras tradicionais que quiserem se manter fortes no mercado. São as Fintechs.

De acordo com um estudo apresentado em abril pela consultoria de mercado Accenture, o investimento global na área de tecnologia financeira registrou um salto de 67% no primeiro trimestre deste ano em relação ao mesmo período do ano passado, atingindo a casa de US$ 5,3 bilhões. Em regiões como Europa e Ásia-Pacífico, o investimento em Fintechs chegou a dobrar no mesmo período.

O que são Fintech? São aquelas empresas que usam tecnologia de forma intensiva para oferecer produtos na área de serviços financeiros de uma forma inovadora. A inovação pode vir da tecnologia ou do modelo de negócios, e invariavelmente elas oferecem uma experiência diferenciada para o usuário, com processos simples e fáceis.

Na época que comandava a gigante de tecnologia Microsoft, Bill Gates dizia que as empresas tinham muito a aprender com clientes infelizes. Quem não aprende, afinal, abre caminho para concorrentes e empreendedores revolucionários, como o próprio Gates. Para empreendedores à caça de consumidores insatisfeitos, os bancos criaram um gigantesco mercado. Dependendo da pesquisa que se olhe, de 40% a 80% dos consumidores dizem não gostar dos bancos em que tem conta, por inúmeras razões. A consultoria internacional E&Y, realizou pesquisa com 55000 clientes bancários em 32 países, mostra que apenas um quarto deles acredita que seus gerentes fornece conselhos imparciais sobre produtos financeiros.

A aversão aos bancos se deve ao fato de que ser cliente deles não é uma escolha, mas uma obrigação para qualquer cidadão comum que precise pagar suas contas a receber, transferir dinheiro, etc. Mas virar cliente pode ser uma experiência desagradável: é preciso ir a uma agência, aguardar na fila, levar uma série de documentos, esperar o envio de outros documentos para ser assinados, cadastrar senhas com dez dígitos alfanuméricos e só então começar a pagar 50 ou 80 reais de taxas mensais. Claro que clientes preferenciais, com dinheiro investido, possuem algumas regalias, mas os bancos não tem tantas opções. Cobrar por produtos e serviços deveria ser normal. Será neste Mundo VICA? E os 6 D's? E pior quando a maioria dos clientes da área bancária concluir que paga muito e recebe pouco. Temos sintomas de disrupção? Creio que sim, pois as Fintechs vieram preencher esta lacuna, no Brasil e no Mundo!

No Brasil são 244 Fintechs, número quatro vezes maior que há dois anos atrás, onde 60% delas recebem recursos de fundos de investimentos, com uma estimativa de que já ultrapassou US$ 1 bilhão de dólares. Em 2016 o Brasil ficou em oitava posição entre os países que mais receberam investimentos em Fintechs, acima da Austrália e Japão.

As Fintechs são altamente focadas e especializadas, tendo poucos produtos e altamente automatizadas, digitalizadas, sem agências e burocracia. Tudo visando a velocidade de atendimento. No Brasil estima-se 5 milhões de clientes.

O grande impulsionador das Fintechs foi a crise de 2008, por causa da desconfiança nas instituições financeiras, e também o acesso a novas tecnologias. O fato dos clientes terem smartphones, internet, armazenamento de dados na nuvem tornaram os serviços muito mais baratos.

Os banco ignoraram as Fintechs durante anos, hoje querem aprender com elas. É tarde? A revolução das Fintechs é um filhote das tecnologias móveis. Sem o ecossistema criado por empresas como Google e Apple nos celulares, as fitechs não teriam o impacto que possuem hoje. As pessoas se acostumaram a não interagir com vendedores para pedir comida, chamar taxi, alugar filmes, portanto é natural que a expectativa se estenda ao mercado financeiro.

O negócio é tão atrativo que até Google, Apple, Facebook resolveram entrar nesse negócio: começaram a permitir que os usuários transfiram dinheiro para seus contatos e entraram na briga do mercado de meios de pagamento. No brasil, através de uma pesquisa da consultoria Accenture, concluiu que 50% dos jovens estão em busca de empresas financeiras que facilitem sua vida.

Sinais fortes, a consultoria CVA, que ouviu 4160 brasileiros, mostra que o Nubank é o cartão mais bem avaliado do mercado nacional. Segundo outro levantamento da CVA, bancos digitais, como o Neon e Inter (antigo Intermedium, controlado pela incorporadora MRV) têm notas melhores do Bradesco, Itaú e Santander.

Os bancos enxergaram a internet como uma plataforma de redução de custo, não de melhorar a experiência do cliente. As Fintechs têm uma outra óptica: elas não têm custo para reduzir, então o olhar é como dar uma melhor experiência ao cliente usando esse canal.

Uma das uma das grandes razões do crescimento das Fintechs no Brasil é o amadurecimento do ecossistema de inovação e investimento nos últimos anos, que agora sustenta a chegada de startups do sistema financeiro – afinal, o produto das Fintechs é dinheiro.

Outro motivo é a própria regulamentação de arranjos de pagamento pelo Banco Central, que teve início em 2013 e facilitou pagamentos através de celular e serviços como cartões pré-pago, tudo sem a intermediação de instituições financeiras.

A lei de meios de pagamentos deu uma segurança maior e acelerou novas Fintechs. A tendência é uma desintermediação dos serviços financeiros, com as Fintechs atuando de formas cada vez mais especializadas – com cartões e pagamentos – e cada vez menos intermediadas, como no segmento de crédito, onde você não precisa mais de burocracia para viabilizar uma proposta.

Todos esses fatores, no entanto, não iriam muito longe se o mercado brasileiro não tivesse crescendo na penetração das principais ferramentas para habilitar esses novos serviços financeiros: os smartphones e a o acesso à internet. Para muitas das Fintechs, os dispositivos e a internet móvel são as principais plataformas de conexão com seus clientes, essenciais para a boa experiência do cliente que diferencia as Fintechs de instituições financeiras tradicionais.

Por serem mais ágeis, simples e não precisarem lidar com tecnologias legadas, as Fintechs, é claro, já chamam a atenção das instituições financeiras tradicionais por dois motivos principais: por um lado, há a preocupação de que elas podem comer parte de suas participações no mercado; por outro, há uma oportunidade para os bancos: trazer essas empresas para perto significa também agregar serviços mais ágeis e simples, avançando seus negócios.

Este é outro exemplo da volatidade e incerteza que os mercados vivem, e necessitam que seus líderes tenham uma clara visão das ameaças e oportunidades. A velocidade é muita grande e o cliente passa a ditar as regras, utilizando as tecnologias disponíveis.

3.2 Conceito e Definição do Anacrônico VICA

Dr. T. Owen Jacobs, psicólogo, que pesquisou e ensinou de 1974 a 2005, quando atuou no Instituto de Pesquisa do Exército Americano e ministrou cursos no War College sobre as questões ligadas ao comportamento da liderança estratégica, pensamento criativo e crítico, foi quem cunhou pela primeira vez o termo VICA – Volatidade, Incerteza, Complexidade e Ambiguidade. Suas pesquisas focaram sobre os requisitos do desempenho estratégico dos líderes em situações incertas e voláteis, com o objetivo de identificar e desenvolver habilidades necessárias para a liderança estratégica do Exército Americano. O Dr. Jacobs pesquisou e coletou dados sobre as conexões entre personalidade, habilidades interpessoais e habilidades que levavam a um grau de eficácia do líder nos ambientes, que poderiam reproduzir as incertezas do campo de batalha e dos contextos que os Generais teriam que enfrentar como comandantes de tropas de ocupação em territórios, áreas e ou países hostis. O Dr. Jacobs montou um processo de avaliação para identificar especificamente os principais atributos de liderança que prevêem o sucesso do líder. Os atributos avaliados são projetados para permitir a descoberta de necessidades específicas de desenvolvimento no nível médio, superior e executivo, e, são considerados altamente preditivos (que se pode predizer, prever por antecipação, com antecedência) para o futuro sucesso da liderança estratégica.

Dr. Jacobs publicou no War College, como professor de Liderança Estratégica, o livro intitulado The Competitive Edge. Neste livro o professor descreve o ambiente externo como preenchido de "volatility", "uncertainty", "complexity" e "ambiguity", tendo o acrônico de VUCA. Em português denominamos de VICA, volátil, incerto, complexo e ambíguo. Enfatiza que o ambiente da era da informação, com um volume muito grande, está repleto de VICA, fazendo com que a liderança que se descuidar e ou não tenha rigor para entender o ambiente, possivelmente não conseguirá antecipar as mudanças e nem gerenciar riscos emergentes. Este é o desafio da liderança estratégica.

Escreve ainda que os líderes do século XXI devem se aproximar desse conceito com inteligência, energia e senso de urgência, confiante de que essas realidades e as complexidades podem ser facilmente transformadas em uma vantagem competitiva quando viradas contra os inimigos da nação. Dada a extensão de suas responsabilidades e os efeitos da expansão de suas decisões, os líderes estratégicos devem considerar uma grande variedade de fatos, influências e atores. Dizer que a eles que devem considerar que tudo pode ser apenas um ligeiro exagero, seria uma falta de visão holística. Aqui reside o ponto principal. Já comentava o Dr. Jacobs, que com grande volume de informações, fluxo em alta velocidade, tempo limitado e conhecimento finito, líderes efetivos devem, literalmente, decidir nos pontos focais, nos pontos que realmente darão retorno e eficácia na ação. Ou seja, a liderança estratégica deve determinar quais elementos do seu ambiente são mais importantes para uma situação particular ou decisão e, em seguida, concentrar sua atenção e esforços neste ponto.

Líderes estratégicos e estrategistas devem entender, interpretar e dominar o denominado ambiente VICA!

Jacobs sugere que os líderes não podem alcançar um conhecimento completo sobre todo o contexto que incidem nas decisões estratégicas. O verdadeiro líder estratégico irá tomar decisões na maioria das vezes sem ter a imagem do quadro todo, pisando na incerteza. Isto não é novo, Clausewitz, o General Prussiano, que escreveu o Tratado chamado "Da Guerra" e que foi prisioneiro de Napoleão, já insistia que o Comandante Estrategista teria que ter sempre como amante a incerteza.

Por que isso? Porque o líder estratégico, tendo em vista sua posição, terá que tomar decisões, decisões rápidas e precisas, mesmo no ambiente VICA, sem enxergar com clareza todas as variáveis. Para responder ao desafio do Mundo VICA, primeiro devemos entender as implicações básicas dos seus termos:

Volatilidade: a taxa de mudança do meio ambiente. Volatilidade na era da informação significa que mesmo os dados mais atualizados podem não fornecer um contexto adequado para a tomada de decisões. Além da capacidade de avaliar com precisão o ambiente atual, os líderes devem antecipar, mudar e fazer o seu melhor para prever o que pode acontecer dentro do escopo de tempo de um projeto, programa ou operação. Na verdade este conceito está nos dizendo de forma clara, visando não perder a janela de oportunidade, que o ótimo é inimigo do bom. Ou seja, não adianta elaborar um ótimo projeto de lançamento de um produto, se a concorrência lançou na frente. Perdeu-se a oportunidade de ser o primeiro ou pioneiro. Volatilidade no meio ambiente inserido no contexto da era da quarta revolução industrial, cria um desafio especial para líderes estratégicos e toda sua equipe de suporte.

Incerteza: a incapacidade de conhecer tudo sobre uma situação e a dificuldade de prever a natureza e efeito da mudança (o nexo de incerteza e volatilidade). Incerteza, na maioria das vezes, atrasa os processos de tomada de decisão e aumenta a probabilidade de divergir opiniões sobre o futuro. Isso impulsiona a necessidade do líder estratégico possuir uma gestão inteligente de riscos, abrangendo tanto as estratégias como as operações.

Complexidade: a dificuldade de compreender as interações de múltiplas partes ou fatores e de prever os efeitos primários e subsequentes de mudar um ou mais fatores em um sistema altamente interdependente, interconectado. A complexidade difere de incerteza, pois a interconectividade entre as inúmeras variáveis tornam o contexto muito mais complexo. Embora possa ser possível prever resultados imediatos de interações únicas e ou lineares. O desafio é que hoje as variáveis não fazem mais interações únicas, mas sim múltiplas, não lineares que se multiplicam tão rapidamente que acabam tendo um resultado exponencial. Complexidade poderia ser resumido em criar incerteza devido ao grande volume de possíveis interações e seus resultados.

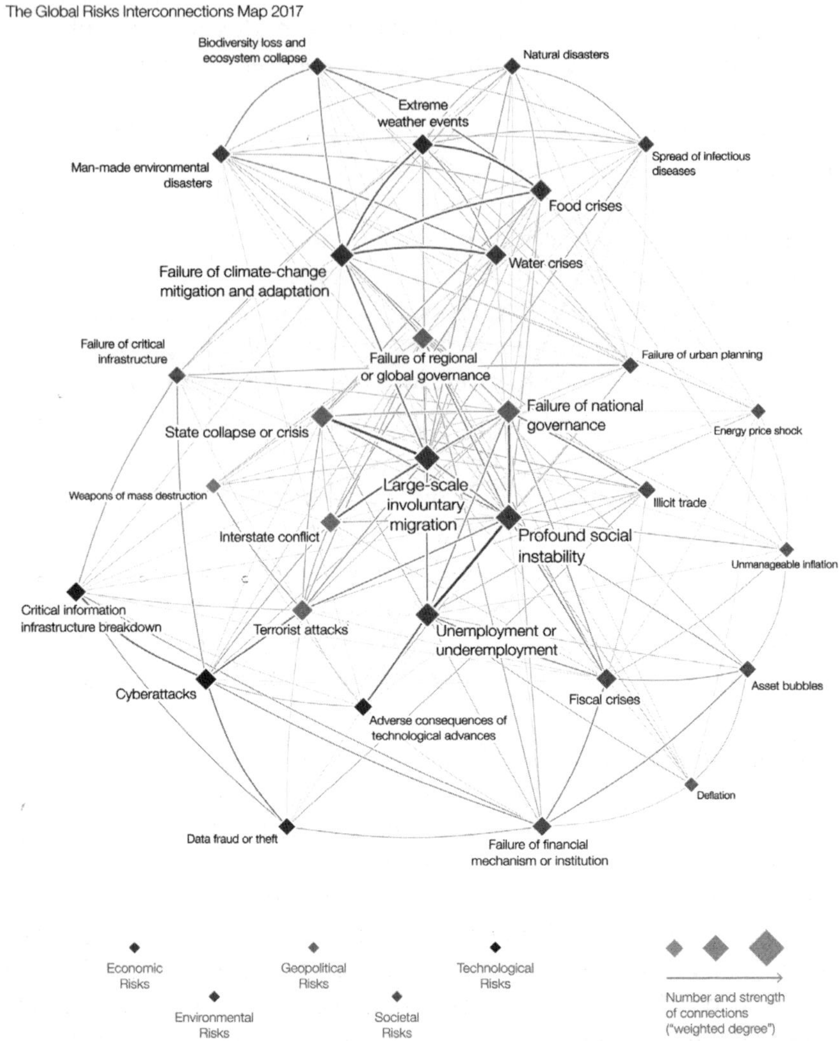

Figura 2: Mapa de Interconexões de Riscos Globais 2017

Fonte: Global Risk Report 2017 – Forum Mundial

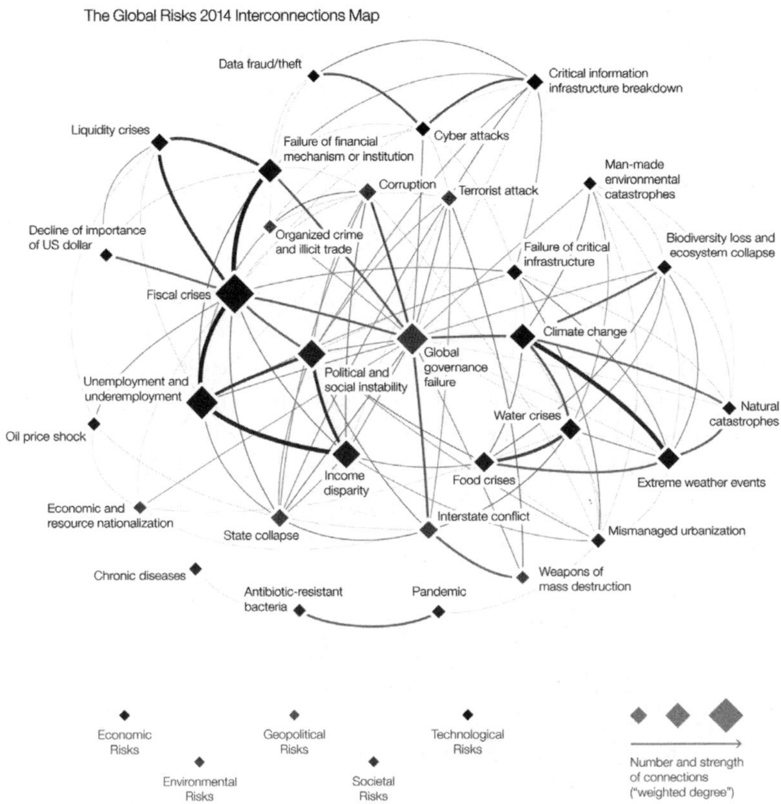

Figura 3: Mapa de Interconexões de Riscos Globais 2014

Fonte: Global Risk Report 2016 – Forum Mundial

As figuras 2 e 3 representam os Mapas de Interconectividade entre os Riscos Globais. A Complexidade da verificação e medição das consequências só é possível pelo mapa da interconetividade entre os riscos. A fotografia da motricidade dos riscos faz com que as lideranças empresariais enxerguem quais são os riscos sistêmicos, ou seja aqueles que influenciam um grande número de riscos, tornando-os estratégicos seu tratamento ou monitoramento.

Ambiguidade: descreve um tipo específico de incerteza, que resulta de diferenças na interpretação de cada líder estratégico, quando pistas contextuais são insuficientes para esclarecer o significado. Ironicamente, "Ambíguo" é um termo ambíguo, cuja definição muda sutilmente dependendo do contexto de seu uso. Para os nossos propósitos aqui, refere-se à dificuldade de interpretar o significado quando o contexto é míope, borrado por fatores como cegueira cultural, viés cognitivo ou limitação perspectiva. No nível estratégico, os líderes geralmente podem interpretar legitimamente eventos em mais de uma ótica , elevando para o nível alto a probabilidade de uma má interpretação. Por esta razão é que os líderes devem sempre identificar quais são as incertezas críticas que colocam em exposição os propósitos de suas organizações. Sugerimos que utilize dois critérios, um é o impacto potencial no propósito e o outro é a probabilidade desta incerteza não acontecer. O foco será nas maiores incertezas, ou seja, maiores probabilidades de não acontecerem e de maior impacto. A Matriz abaixo ilustra o quadrante estratégico que as incertezas deverão ser estudadas e monitoradas.

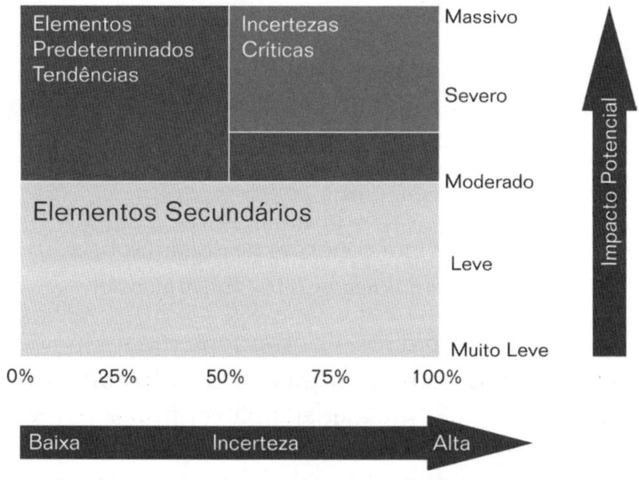

Figura 4: Matriz de Incertezas Críticas Visando Diminuir o Nível de Ambiguidade

Fonte: Brasiliano, Antonio Celso Ribeiro. Apostilas de Aula de Cenários Prospectivos

Organizações grandes e complexas consistem em intrincadas redes de pessoal, componentes funcionais e operacionais. Alcançar Objetivos organizacionais, exige que esses componentes devam funcionar juntos e interagir com entidades igualmente complexas.

Um líder estratégico não só lidera a empresa, mas também deve representar sua empresa durante as interações necessárias com um labirinto de outras instituições que constituem o ambiente externo. Os Líderes Estratégicos devem moldar a forma e direção de suas empresas e influenciar os atores para que se esforcem na conquista dos objetivos. Devem colocar "coração e mentes". Dentro do ambiente VICA, as tarefas devem ser realizadas de forma colaborativa e não através do esforço individual. Portanto a colaboração e a co-criação são insumos essenciais para o sucesso das empresas.

Raramente há um líder único, o líder que possui todo o cabedal do conhecimento suficiente para desenvolver, adequadamente a visão empresarial. O desafio dos líderes estratégicos, dentro das empresas de hoje, é o desenvolvimento da capacidade de colaboração, cooperação e comprometimento das equipes internas e as de influenciar as instituições e ou variáveis externas. Fora da empresa, quando a posição se torna menos convincente, os líderes estratégicos devem empregar tato, persuasão e argumentação sólida.

A liderança estratégica transcende a empresa, orquestrando eventos internos e exercendo influência pessoal e organizacional no ambiente externo para alcançar os objetivos.

Infelizmente, os ambientes internos e externos são voláteis, incertos, complexos e ambíguos. Consequentemente, o líder estratégico deve fotografar os inúmeros aspectos do meio ambiente, avaliar seus conceitos e suas conclusões e discernir sobre a melhor forma de influenciar os eventos para o benefício da empresa. Este processo é sempre retroalimentativo e, os líderes estratégicos, não podem e não devem abrir mão desta função. O consenso dentro da empresa deve ser construído pelo líder estratégico, através do seu espírito colaborativo, conciliador, mas ao mesmo tempo firme nas tomadas de decisões, mesmo em muitos casos na névoa, sem enxergar muito.

Esses elementos dentro do ambiente que caracteristicamente teve o maior impacto no Exército Americano, segundo o Dr. Jacobs inclui: ameaças, alianças internacionais, cultura nacional americana, o complexo militar-industrial, opinião pública, processo orçamentário federal, tecnologia, sistema nacional de governo, organizações privadas e a organização interna dos serviços e do departamento de defesa. Para ser bem sucedido, o líder estratégico deve continuar sendo um estudante perpétuo do ambiente e permanecer constantemente envolvido no processo de adaptação a esse ambiente.

Assim, o ambiente de liderança estratégica é composto de complexidades internas e externas que afetam direta e indiretamente os recursos, a estrutura, a operação e o desempenho da organização. A dinâmica de uma ameaça em mudança, por exemplo as mudanças em coalizões internacionais, atitudes públicas, os avanços rápidos em tecnologia, a eleição de novos governos, a flutuação dos orçamentos nacionais, a evolução das novas missões e mudanças demográficas aumentam os desafios da liderança estratégica. Os líderes estratégicos devem monitorar e compreender as transições cruzadas da organização do ambiente externo, permanecendo alerta para oportunidades, com o objetivo de implementar mudanças construtivas.

Líderes experientes e inteligentes ampliam sua análise ambiental ao desenvolver uma rede de associados experientes em agências externas. Otimamente, a equipe de um líder estratégico desenvolve contatos semelhantes no nível de trabalho para garantir que esta multiplicidade de redes seja executada como um sistema de raiz, que se espalha de forma geométrica, em todo o ambiente externo. Recebimento oportuno de informações relevantes ajuda grandemente na tomada de decisões e nas ações. Líderes munidos com informações analisadas e precisas, dentro do atual contexto pode persuadir com maior eficácia seus parceiros, educar as partes interessadas e influenciar os atores chaves, tomadores de decisão. Ao realizar tal construção de consenso, o líder estratégico deve estar disposto a comprometer-se, se necessário. A realização parcial dos objetivos organizacionais é claramente preferível ao fracasso e pode definir as condições para novos progressos.

O mundo VICA, neste contexto de riscos globais, como pano de fundo, o Relatório Global Risk Report de 2017 explora cinco centros gravitacionais que moldarão os cenários de riscos globais. São eles:

Primeiro: o lento crescimento contínuo, combinado com a dívida alta e a mudança demográfica, criam um ambiente que favorece as crises financeiras e a crescente desigualdade.

Segunda: a corrupção generalizada, os curtos prazos e a distribuição desigual do modelo econômico capitalista pode não estar suprindo as pessoas.

Terceiro: A transição em direção a uma ordem mundial mais multipolar está tensionando a cooperação global.

Quarta: Ao mesmo tempo, a Quarta Revolução Industrial está, fundamentalmente, transformando as sociedades, as economias e as formas de fazer negócios.

Quinta: as pessoas buscam reassegurar as identidades que foram embaçadas pela globalização, a tomada de decisão está sendo, cada vez mais, influenciada pelas emoções.

Os riscos na categoria econômica, alinhados com o fato de que a crescente disparidade de renda e riqueza é classificado pelo Global Risk Report como a tendência mais importante em determinar os desenvolvimentos globais nos próximos 10 anos. Isso aponta à necessidade de reviver o crescimento econômico, mas modo crescente do populismo anti-estabelecimento sugere que ter passado do estágio onde apenas isso poderia remediar as fraturas na sociedade: reformar o capitalismo de mercado também deve ser acrescentado à agenda.

Com as surpresas eleitorais de 2016 e o crescimento dos partidos antes periféricos frisando a soberania nacional e os valores tradicionais através da Europa e além, as tendências sociais da crescente polarização e a intensificação do sentimento nacional.

Outro desafio interconectado é enfrentar a importância da identidade e da comunidade. As rápidas mudanças de atitudes nas áreas tais como gênero, orientação sexual, raça, multicultura, proteção ambiental e para os menos instruídos – a se sentirem ultrapassados em seus próprios países. Os abismos culturais resultantes estão testando a coesão política e social e podem amplificar muitos outros riscos, se não resolvidos. Ou seja, está havendo uma elasticidade no tecido social muito forte, que pode gerar sentimentos de racismo e de autoproteção que estamos vendo com os migrantes do Oriente Médio.

Esta elasticidade social veio integrada com as disrupções tecnológicas , que afetam o mercado de trabalho. Embora a disrupção tecnológica e a inovação tenham criado, novos tipos de trabalho, também destruiu antigos. Não é coincidência que os desafios à coesão social com uma fase altamente disruptiva de mudança tecnológica.

O último risco motriz é o de proteger e fortalecer os nossos sistemas de cooperação global. Por exemplo a atual crise na Síria e os fluxos migratórios que isso criou, torna-se cada vez mais claro quão importante a cooperação global é crucial, mas é nas interconexões que se moldam o panorama de riscos.

Esta visão holística e estratégica precisaríamos estar enxergando de forma clara e transparante para obsevar os denominados "nós gódicos" em todo o panorama e a aí sim poderia haver uma compreensão de como lidar com o contexto de riscos.

O que o VICA nos diz é que estamos saindo de um mundo de problemas que são resolvidos de modo cartesiano, linear, onde tudo é uma questão de análise e eliminação da incerteza para um mundo de dilemas. Mundo esse em que se exige paciência e engajamento com a incerteza, bem como orientação, processo de decisão e uma visão de perspectiva do futuro.

Nesse mundo VICA, cada vez mais incerto e volátil em que vivemos, grandes empresas podem rapidamente desaparecer, assim como ideias podem se tornam negócios bilionários em poucos anos. Exemplos de empresas de sucesso a partir de ideias inovadoras são Uber, Airbnb, Snapchat, Xioami, Dropbox, entre outros.

O fator fundamental para qualquer negócio que queira entrar ou permanecer no jogo é mudar a forma como aborda os problemas. As empresas que ainda vivem sob os paradigmas do século 20 simplesmente entregam os seus produtos ou serviços sem entender o que os seus clientes realmente querem e sem se preocupar no impacto em termos sociais, ambientais e futuros para a própria empresa. Do mesmo modo, o mercado é visto como um grande campo de guerra em que para ganhar é preciso que outros percam.

O resultado disso são negócios que levam mais do mesmo, sendo incapazes de inovar. **Será que não podemos pensar em uma nova abordagem que realmente contribua para uma mudança massiva na forma como pessoas e empresas pensam e agem para solucionar os problemas?**

> *"Precisamos de novas escolhas – novos produtos que equilibrem as necessidades de indivíduos e da sociedade como um todo; novas ideias que lidem com os desafios globais de saúde, pobreza e educação; novas estratégias que resultem em diferenças que importam e, um senso de propósito que inclua todas as pessoas envolvidas. [...] Precisamos de uma abordagem à inovação que seja poderosa, eficaz e amplamente acessível, que possa ser integrada a todos os aspectos dos negócios e da sociedade e que indivíduos e equipes possam utilizar para gerar ideias inovadoras que sejam implementadas e que, portanto, façam a diferença."*
>
> *Tim Brown, Livro DesignThinking*

	Secúlo 20	Secúlo 21
Mudança de Paradigma	Escala e escopo	Velocidade e fluidez
	Previsibilidade	Agilidade
	Organizações e barreiras rígidas	Organizações sem barreiras e fluida
	Comando e controle	Empoderamento criativo
	Reação e aversão a risco	Intraempreendimento
	Intenção estratégica	Lucro e propósito
	Vantagem competitiva	Vantagem cooperativa
	Análise de dados	Síntese do big date

Figura 5: Quadro Comparativo entre século XX e XXI sobre as aprincipais mudanças de atributos

Fonte: Idris Mootee – DesignThinking for Stragic Innovation

4. A Guerra – Ensinamento para o Mundo VICA no Contexto Empresarial

4.1 Introdução

As situações de conflitos bélicos, desde a antiguidade são utilizados como exemplos comparados para o mundo empresarial em termos de estratégia e de liderança. Isto porque o campo de batalha exige do líder extrema perspicácia, criatividade, ousadia em quebrar regras inovando para surpreender o inimigo e gerenciar a incerteza.

No nível de abstração adequado, a guerra é apenas um caso de estratégia que se manifesta. O xadrez, os jogos, os esportes e os negócios, são outros casos da mesma manifestação. Não há dúvida de que o estudo da estratégia no contexto da guerra pode ser profundamente ilustrativa de explorar também a estratégia de negócios. Os negócios são um fenômeno moderno e não se falava em estratégia antes da década de 1960, enquanto que a guerra é tão antiga como a humanidade. Podemos citar o general chinês Sun Tzu, no século IV AC, que escreveu um tratado sobre a estratégia e até hoje utilizamos seus conceitos estruturais para a operacionalização de negócios.

Segundo o livro de Clausewitz e a Estratégia, da Boston Consulting Group dos autores Thia von Ghyczy, Bolko von Oetinger e Christopher Bassford, ressaltam que "a palavra estratégia teve um aparecimento tardio, diferentemente da tática que manteve seu sentido ao longo do tempo, não foi empregado em seu significado presente até pouco antes de Clausewitz dar início a sua pesquisa".

A palavra estratégia vem do grego *strageo*, que significa general. Na clássica divisão dos aspectos da guerra, estratégicos está ligado ao planejamento, ao âmbito mais geral e de horizonte de tempo mais longo. Outra versão do termo estratégia, do grego *strategos* (que significa "a arte de comandar"), tem origem no meio militar e passou a ser mais usado em relação aos negócios após a Segunda Guerra Mundial, quando as empresas americanas sentiram a necessidade de se reorganizar e adotar modelos de gestão inspirados em parte nas organizações militares.

São inúmeras as definições de estratégia na literatura da administração, bem como as metodologias de gestão estratégica e os conceitos que as norteiam. Para tornar o tema ainda mais complexo, esses elementos evoluem com o tempo para acompanhar as transformações da economia global e do ambiente de negócios.

4.2 Clausewitz

CLAUSEWITZ (1780-1831) foi um general prussiano cuja ***magnum opus***, intitulada "Da Guerra", teve como referencial histórico as Guerras Napoleônicas. Seu pensamento militar foi moldado pelas incessantes campanhas militares levadas a cabo pelo "Pequeno Corso" por toda a Europa ao longo de cerca de vinte anos.

A obra de Clausewitz foi escrita ao longo de mais de uma década, no início do século XIX, e só foi publicada em 1832, um ano após sua morte, por intercessão de amigos junto com Marie von Clausewitz, sua viúva. No entender de Clausewitz, seus escritos deveriam sofrer modificações antes de serem publicados, pois, segundo suas próprias declarações, só se encontrava satisfeito com o primeiro capítulo do volume I.

Conforme bem destacado pelo sociólogo e filósofo RAPORT (1976), Clausewitz absorveu a lição napoleônica de que a essência da política e do poder militar está na habilidade de se conseguir a destruição física do adversário.

Em outras palavras, Clausewitz, segundo RAPORT (1976), ao mesmo tempo em que rejeita a concepção da "guerra pela guerra", afirma que ela – guerra – é parte integrante da existência humana, constituindo-se, portanto, num dos instrumentos necessários da Política. Este é, em essência, o real significado da sua célebre frase "a guerra é a continuação da política por outros meios".

Clausewitz parte da premissa que a guerra não possuía regras fixas e que seus princípios não eram dogmas inflexíveis. Na realidade, seus conceitos são reflexões filosóficas sobre a condução da guerra. Este é um dos princípios mais importantes, pois considera que o verdadeiro comandante, líder, deve ousar e improvisar no campo de batalha, diante de situações voláteis, incertas, complexas e ambíguas. Clausewitz aprendeu com Napoleão estas máximas, pois o pequeno corso varreu a Europa dos grandes exércitos monárquicos, onde a guerra era um jogo conhecido, com cartas marcadas. Napoleão improvisou ao procurar o atrito, o ataque, iludindo e pegando seus inimigos de surpresa. Napoleão configurou o exército francês em pequenas unidades, pelotões, com comando descentralizados, com objetivo de serem a ponta de lança dos seus regimentos, nas identificações de pontos fracos. Napoleão inovou ao criar a conscrição e um exército nacional, onde os soldados lutavam pela pátria e não pelo soldo, como a maioria dos exércitos europeus. Promoveu inclusive plebeus como oficiais para o comando de regimentos e missões críticas, dando moral e meritocracia nas fileiras do exército francês. Buscava constantemente a luta, independente da logística, pois como seus homens eram camponeses, a logística era o saque e a comida que encontravam no campo. Desta forma marchava com maior velocidade e conseguia surpreender sempre o inimigo.

Clausewitz ainda antevê a importância do contexto psicológico e social, no campo estratégico. Ao levar em consideração estes dois contextos, Clausewitz sugere que a incerteza e o acaso devem ser levados em consideração na tomada de decisão no campo de batalha.

O líder deve lidar com a volatidade e incerteza o tempo todo, e , a tomada de decisão deve ser em cima destas névoas. Outros fatores que não sejam só militares devem entrar na análise do comandante. Afirma ainda que a guerra é o reino do perigo. A guerra é o domínio do esforço e do sofrimento físico. Para poder resistir é preciso uma certa força física e moral que, inata ou adquirida, pode tornar indiferente a estes fatores. Clausewitz (1996) cita ainda: "Provido dessas qualidades e guiado pelo simples bom senso, um homem é já um bom instrumento de guerra... Se formos mais longe no que a guerra exige daqueles que ela se consagram, descobriremos que a qualificação intelectual ocupa o primeiro lugar. A guerra é o domínio da incerteza."

Com isto Clausewitz quer dizer que mais de três quartos de ações militares permanecem em um nível de incerteza muito grande, ou seja, "nas brumas". Enfatiza que para dominar a incerteza há a necessidade de uma inteligência sutil e penetrante, que o comandante possua instinto de poder visualizar as grandes variáveis que fazem parte do campo de batalha: o adversário, sua própria força, sua força moral, o terreno, as condições do tempo, os recursos empregados e com tudo isso a estratégia, a forma de enfrentar o inimigo.

A guerra é o domínio do acaso, nenhuma outra esfera de atividade deixa tanta margem a este desconhecido, nenhuma se encontra em tamanho nível de incerteza, sob todos estes pontos de vista. Em todas as circunstâncias a incerteza entra no curso dos acontecimentos.

No conceito da superioridade estratégica da defesa de Clausewitz o povo é o ator principal, pois é dele que emerge a força moral de uma nação. Neste caso o povo passa a ser tratado como o fundamento mais importante do poder nacional. Essas idéias conduziram a duas correntes antagônicas. Na primeira, o povo pela sua reserva moral, sua força social e seus interesses próprios acabam por formar a trilogia povo, governo e forças armadas, de uma nação democrática. Na segunda, o povo ao subordinar seus interesses aos do estado constituiria a trilogia estado, governo e povo, dos regimes totalitários.

Não é por outra razão que no conceito estratégico de defesa, Clausewitz insiste em explicar a superioridade da defesa que advém do fato de que a nação deve ser defendida pelo soldado e pelo cidadão. Pela primeira vez o homem do povo se transforma num defensor da pátria em igualdade de importância com os soldados profissionais. Os atores fazem a diferença, são eles que intercedem no curso dos acontecimentos.

ABREU (2000), interpretando Clausewitz, sugere oito teses que mais influenciam a sua teoria de estratégia:

Primeira Tese: A existência do outro, que age e reage, tornando necessário analisar a vontade antagônica do outro ator;

Segunda Tese: Na guerra, apenas interessa o resultado final; "O significado do combate não reside no seu curso, mas no seu resultado e na sua importância", CLAUSEWITZ (1996).

Terceira Tese: A formulação e a execução da estratégia não deverão estar nunca desligadas dos acontecimentos que vão ocorrendo no próprio campo de batalha, enquanto o confronto militar se desenrola. A estratégia deve ser adaptativa e flexível, dependendo dos acontecimentos. Por esta razão há a necessidade da existência dos planos de contingência.

Quarta Tese: Antes de tomarmos a decisão de fazer a guerra teremos que estabelecer com rigor a estratégia. A estratégia deve ser elaborada em função do adversário. Não dar o primeiro passo sem pensar no último. Entender muito bem o contexto, a complexidade e ambiguidade dos atores envolvidos.

Quinta Tese: Necessidade de escolher o quando, o onde e o com que recursos ir para a guerra. Momento certo de realizar o ataque ou a defesa. Clasewitz sempre colocou como princípio que a melhor defesa é o ataque. Pois no ataque o líder fica refém da ação de seu inimigo, não possuindo iniciativa.

Sexta Tese: Definir objetivos factíveis, mas ambiciosos. Objetivos demasiado ambiciosos geram frustrações e inviabilizam o prosseguimento da missão estratégica. Mas também objetivos muito fáceis relaxam a tropa. A tropa deve estar conectada como uma força única em seu comandante, de tal forma que cada um saiba sua tarefa e cada um sinta-se protegido pelo seu companheiro.

Sétima Tese: A defesa não é mais que um meio para alcançar a vitória que torna capaz de tomar a ofensiva depois de conquistada a superioridade.

Oitava Tese: São três fatores que determinam a vitória na guerra: A violência, depois o acaso, a incerteza e o jogo das probabilidades, e finalmente a racionalidade que decorre da primazia do processo decisório. "A guerra, portanto, é mais que um camaleão, que vai modificando as suas características em função de cada caso concreto..... a violência inclui o ódio e hostilidade, é o impulso natural; o jogo do acaso e das probabilidades, que lhe confere o caráter da atividade criativa; e a racionalidade o domínio da razão pura", Clausewitz (1996).

ABREU (2000) relata de forma contundente: "é que Clausewitz, com luminosa clarividência, identificou alguns elementos constituintes da dinâmica não linear que caracteriza os sistemas caóticos e complexos, incrustando-os no âmago do combate".

Clausewitz determina os seguintes elementos para a elaboração de uma estratégia coerente e perfeita na guerra (BRASILIANO 2003):

> *"O primeiro elemento é o perfeito estudo de uma análise lógica da situação. Isto significa que deve haver uma relação de causa e efeito na ambiência, tanto do lado adversário quanto do próprio. O segundo elemento é estudar a compreensão histórica, buscar dados e fatos dos principais acontecimentos do passado, visando compreender o perfil da situação. O terceiro e quarto elementos são inter-relacionados, interligados: percepção psicológica e a visão sociológica. Estes dois elementos significam o estudo da moral da nação, exército e comandantes do adversário, além de buscar entender qual o suporte e apoio que a população poderá fornecer para os exércitos em confronto."*

Foi a partir das campanhas napoleônicas que os exércitos de cidadãos surgem como estratégias novas que produzem a morte gloriosa dos seus heróis e a volta triunfante dos soldados para suas atividades civis. Desse novo fato Clausewitz vai extrair os conceitos da batalha decisiva e do centro de gravidade das forças em luta que explicam as batalhas móveis e agressivas de sua época e as mais brilhantes estratégias de seu tempo. O centro de gravidade do inimigo pode ser avaliado pela importância que representa para a destruição do seu poder militar, político, econômico, territorial e moral. Destruição que se conseguida representa o colapso total da estrutura defensiva e ofensiva do inimigo. Deste conceito decorre o princípio da batalha decisiva, a qual não se situa necessariamente no campo militar nem inclui obrigatoriamente a destruição do exército inimigo, mas que pode ser vencida empregando meios dos outros campos do poder, juntamente com a sua expressão militar, para atingir os objetivos nacionais.

Conclusão

Podemos concluir, segundo os fundamentos da estratégia militar, que esta deve possuir as seguintes premissas:

a. a estratégia deve possuir como guia de decisão uma lógica, um entendimento do que acontece no todo para poder agir pontualmente;

b. a estratégia deve possuir um forte contexto psicológico e sociológico do meio ambiente, ou seja, não podemos ficar alheios as variáveis externas e quais serão suas influências;

c. a estratégia não pode ser rígida, deve ser flexível, adaptável ao meio ambiente, moldando-se de acordo com as curvas sinuosas de um rio;

d. o estrategista deve possuir muita criatividade, ou seja, embora possua uma estratégia, nunca deve ficar preso as suas premissas, deve sim ficar atento as possíveis mudanças e possuir agilidade suficiente para mudar, caso haja necessidade;

e. o estrategista deve avaliar o perfil de seu adversário, observando a moral e a intangibilidade da liderança, fator chave para a incerteza no campo de batalha.

Podemos observar que os princípios de Clasewitz, nos estudos do General Napoleão, ainda são válidos para os dias de hoje. Podem e devem, de forma direta, serem adaptados para o mundo empresarial, pois a volatidade, incerteza, complexidade e ambiguidade continuam as mesmas. A diferença crucial é que neste século XXI estamos em uma progressão exponencial e não mais linear. Esta passa a ser a singularidade do entendimento do líder.

4.3 Genaral Stanley McChrystal, Ex-Comandante das Forças Aliadas no Iraque

O general chinês Sun Tzu, que viveu nos idos de 500 a.C., influenciou muitas gerações de executivos. Ele ensinou sobre a eficiência e a eficácia na gestão de conflitos e, considerando que o mundo corporativo é cheio destes, ganhou muitos seguidores nas empresas.

Agora, Sun Tzu começa a ceder a cadeira para um colega dos dias atuais, o norte-americano Stanley McChrystal. Segundo esse general, a rapidez da comunicação de hoje, na guerra ou nos negócios, faz com que o objetivo da eficiência (alcançar o máximo de resultado com o mínimo de tempo e esforço) fique, de certo modo, secundário. A maior meta se torna a capacidade de adaptação ao inimigo.

O General Stanley McChrsystal escreveu o livro Team of Teams: New Rules of Engagement for a Complex World, com coautores militares, como o soldado das forças especiais Chris Fussel para compartilhar as descobertas feitas quando esteve à frente das tropas norte-americanas no Iraque e no Afeganistão.

Ele percebeu que não bastava mais ter uma força-tarefa eficiente bem preparada taticamente, equipada com a melhor tecnologia e liderada pelos maiores talentos.

O inimigo em questão, a Al Qaeda, tinha um jeito muito particular de operar, que não era vencido com eficiência. Os integrantes dessa facção se organizavam em times pequenos, sem líder definido, e, em especial, usavam a comunicação em tempo real como sua maior arma. A ultravelocidade com que a informação circulava do outro lado fez a força-tarefa dos EUA tropeçar.

Para evitar a derrocada, algo precisava ser feito, e rápido. Depois de entender como o inimigo operava, McChrystal conseguiu reorganizar sua equipe para fazer frente à empreitada: ele derrubou silos (próprios do Exército e das empresas), fez a informação fluir entre departamentos, aumentou a velocidade na tomada de decisão. Assim, formou equipes pequenas, ágeis, com comandos descentralizados e responsabilidades de responder na hora o contexto apresentado. Desta forma o General quebrou protocolos do Exército para que as equipes tivessem um rendimento superior, capacitado-os a responder às condições emergentes.

Team of Teams mostra às empresas que seu novo cenário competitivo é igualmente caracterizado pela ultravelocidade da comunicação e que, para enfrentarem seu inimigo, a eficiência deixou de ser suficiente. Isso se aplica a qualquer inimigo, seja ele a Al Qaeda, seja a falta de produtividade, de comunicação ou de agilidade que eventualmente abale uma empresa.

Como McChrystal enfatiza, na guerra ou nos negócios, a habilidade de reagir rapidamente e de se adaptar passa a ser crítica.

Embora pobremente treinada e com poucos recursos,a Al Qaeda era um inimigo duro de encarar. Eles não tinham pontos fixos para agrupamento, padrões de atuação, uniforme nem identidade e recrutavam voluntários extremistas pela internet, onde disseminavam doses maciças de propaganda. Al Qaeda utilizava meta dados!

Mesmo com um nível refinado de informações, os militares eram pegos de surpresa nas operações do Afeganistão e do Iraque, diz o general.

Seus pontos fortes? Além de resiliência, imprevisibilidade e flexibilidade, sabiam como ninguém beneficiar-se de uma convergência de fatores da era atual: informação rica navegando sem interrupção por uma rede densamente interconectada em núcleos dispersos. Eles operavam de modo totalmente diferente da que a força- tarefa considerava efetiva ou correta. A guerra mudou, o modus operandi era outro. Os americanos não estavam utilizando as máximas de Clausewitz, Napoleão e Sun Tzu: conheça o inimigo e a si próprio, para depois elaborar uma estratégia.

E, se antes a disciplina e o planejamento eram vitais, agora no topo dessa lista passou a estar a agilidade. Fazer com rapidez, responder rápido. O ótimo era o inimigo do bom. Foi preciso, segundo McChrystal, desaprender tudo o que se sabia sobre guerra e reestruturar a forma de atuação. Ou seja, foi preciso inovar e se reinventar para suportar e ultrapassar o inimigo.

De um modelo hierárquico rígido, focado em planejamento e execução, a força-tarefa migrou para um modelo com compartilhamento extremo de informação (o que o livro batiza de "consciência compartilhada"). A tomada de decisão foi descentralizada, as barreiras entre os silos, derrubadas, e a hierarquia, abrandada.

Na ação de uma equipe em combate, o líder podia ser qualquer um que tomasse a iniciativa, e o restante do time aceitava, pois desta forma surgia a conectividade entre os membros. Um sabia o que o outro iria fazer, sem nem mesmo olhar para os lados. Era automático, se um virava o rifle para a esquerda o outro já virava para a direita e assim por diante.

Com esta divisão, em pequenas unidades, seus integrantes quando entram em território hostil, conseguem segmentar as ameaças complexas em fragmentos administráveis. Eles rapidamente dividem o ambiente em situações conhecidas, que sabem como resolver – guardas a serem desarmados ou civis a serem agrupados, por exemplo, e em situações desconhecidas – como uma silhueta indefinida no canto de uma sala, que pode ou não representar risco. Com a mente e os movimentos corpo conectados, a equipe como um todo age simultaneamente, agrupando civis e desarmando guardas sem hesitação ou erro.

"Abandonamos muitos dos preceitos que nos ajudaram a estabelecer nossa eficácia no século XX, porque no século XXI as regras são diferentes", escreve o general com seus coautores. Na visão deles, esse é o mesmo caso de muitas organizações de hoje que se prepararam ao desenvolver competências para lidar com um mundo que não existe mais." O mundo exponencial em vez do mundo linear!

Existem muitos fatos acontecendo simultaneamente e é difícil ter certeza sobre qual deles se tornará uma ameaça ou oportunidade.

No Iraque, a tecnologia de ponta forneceu à força-tarefa uma noção quase perfeita da situação na forma de informações integradas vindas de drones, microfones, visão noturna, monitoramentos por GPS que atualizavam os mapas em tempo real. Tratava-se do Big Data, e ainda era difícil prever o que viria a seguir.

McChrystal escreve: "Para entender o que ocorreu, os dados tinham grande valia. No entanto, quando a intenção era prever o próximo ataque, no calor dos acontecimentos e diante da enorme complexidade, nós nos encontrávamos literalmente perseguindo o próprio rabo – e eles estavam se afastando de nós".

Menos controle! E é um general quem está dizendo."As empresas impuseram tantos controles a seus subordinados dos quanto a tecnologia permitiu, mas as novas ameaças requerem empoderamento", garante McChrystal. Em vez de comandar e controlar cada passo, o líder tem de afastar-se do papel de "super-homem" (o líder super-herói é "falácia", diz o general) e tornar-se um elemento que viabiliza a sinergia da equipe. Esta é a verdadeira função do líder do século XXI, criar condições de cooperação e co-criação.

Para McChrystal, a maioria dos líderes hoje ainda segue o modelo de liderança datado, de super-homem. "Demandamos níveis irreais de conhecimento dos líderes e os forçamos a agir assim", posiciona-se ele.

Agilidade e adaptabilidade são características de equipes menores, cujos membros se conhecem de maneira mais próxima, confiam uns nos outros e têm um propósito comum, como se tivessem uma mesma consciência – a tal "consciência compartilhada", já mencionada.

Foi esse modo de se organizar que ajudou a força-tarefa dos EUA no Afeganistão. Ela migrou de uma estrutura robusta tradicional para uma equipe formada por várias equipes ou "team of teams". As equipes funcionavam de maneira interdependentes, conheciam as outras com as quais deveriam cooperar e tinham a tomada de decisão com trajetória descendente, permitindo que os membros agissem mais rápido e com mais precisão do que fariam se a hierarquia ainda fosse o modelo operante. Ao se organizar assim, uma empresa derruba os silos e cria uma rede de interconectividade com habilidade de transmitir informação em prol da tomada de decisão.

O livro Team of Teams define como resiliência a capacidade de absorver um distúrbio e manter sua estrutura e função. Para McChrystal e seus coautores, trata-se do melhor modo de confrontar uma ameaça. "Os modelos de administração baseados em planejamento e previsão darão lugar àqueles que priorizam uma adaptação resiliente", reforça o texto. Então a inovação, ousadia e adaptabilidade passam a ser cruciais. Reforça o que Clausewitz pregava em seu livro ao estudar Napoleão, onde o comandante tem que tomar as decisões na "bruma".

A eficiência perdeu a razão de ser? Não, ela continua necessária às organizações, mas perde a prioridade para a capacidade de adaptação quando preciso. E isso exige mudança de estrutura, de processos e, principalmente, de mentalidade e cultura.

Quando aplicamos os quatro princípios estratégicos?

Quando sua organização estiver sendo ineficiente diante do contexto apresentado, quando o líder necessitar de agilidade nas respostas, e aí operacionalizamos:

- ... reorganiza sua equipe em várias equipes pequenas e com poder de decisão.
- ... muda seu estilo de liderança de "mestre do xadrez" para "jardineiro".
- ... toma providências para criar uma consciência compartilhada entre as equipes, favorecendo de todas as maneiras o bom fluxo de informações entre elas.
- ... dá a mesma ênfase à capacidade de adaptação do que dá à eficiência.

Estes ensinamentos do General Stanley McChrsystal cabe perfeitamente a um paralelo para as empresas, pois hoje com o mundo em progressão exponencial e uma velocidade e acúmulo de informações muito grande, a existência de estruturas rígidas só levam a uma grande ineficiência.

Cabe ao Líder, neste século XXI, se posicionar para não ser mais um super-homem ou um paizão, mas sim reforçar o fluxo de comunicação entre as variadas equipes e dar a estas equipes as respectivas respeonsabilidades das tomadadas de decisão.

Só assim poderemos enfrentar o Mundo VICA, volátil, incerto, complexo e ambíguo.

SEGUNDA PARTE

Preparando a Empresa para o Mundo VICA

5. Prospectiva Enfrenta o Mundo VICA

São apresentados neste capítulo o conceito de prospectiva, as atitudes dos gestores, e vantagem crucial dos líderes construírem cenários prospectivos para poderem enfrentar o Mundo VICA.

O futuro é imprevisível. Ninguém sabe com total certeza ou clareza o que vai acontecer no futuro, porém é necessário que o líder e a sua organização se preparem para ele e esta preparação fica mais fácil quando temos uma ideia das alternativas possíveis.

"Talvez não sejamos capazes de evitar catástrofes (embora às vezes isso até seja possível), mas certamente podemos aumentar nossa capacidade de responder e nossa aptidão para detectar oportunidades que, de outro modo, seriam desperdiçadas" (SCHWARTZ, 2003).

Segundo Schwartz, nossa reação natural em relação a acontecimentos inevitáveis são manifestadas através de duas reações naturais, a negação, que é a recusa em acreditar que existam coisas inevitáveis e a defesa, que é a paralisação, pois não há um modo possível de reação. Ambas podem levar as decisões ineficazes, porém a decisão mais arriscada é justamente não fazer nada.

"Num mundo onde ocorrem crises a intervalos regulares, as quais mudam profundamente as premissas básicas sobre o funcionamento das coisas, a estratégia mais eficiente é a flexibilidade consciente, isto é, manter o equilíbrio entre reações de curto prazo e visão de longo prazo, e providenciar a preparação necessária, de modo a poder mudar rapidamente de direção se houver necessidade" (SCHWARTZ, 2003).

Futuro é algo que deve ser construído, frente a uma série de hipóteses levantadas, com base na identificação das incertezas críticas. GODET (1999) ressalta em seu texto intitulado: "Procurado: Rigor para uma "Indisciplina Intelectual" que antecipação não é amplamente praticada por tomadores de decisão porque quando as coisas estão indo bem, eles podem gerenciar sem isso e quando as coisas estão indo mal, é muito tarde para ver além dos seus narizes. Nesse caso é necessária uma ação rápida, em regime de urgência. No entanto a reação não é um fim em si mesmo. Ainda que desejável em curto prazo, esta leva a nenhum lugar se não está direcionada em direção aos propósitos da empresa. Como disse Sêneca, "não existe vento favorável para o homem que não sabe para onde ele está indo". A ação se transforma sem sentido, sem um gol e somente a antecipação aponta o caminho para a ação e dá duplamente sentido e direção. Similarmente a prospectiva não pode geralmente ser dissociado da estratégia, portanto o termo prospectiva estratégica. Prospectiva estratégica não é somente uma abordagem exploratória (antecipação estratégica) como também uma abordagem normativa. Continua a tradição do planejamento estratégico e gerenciamento estratégico, a prospectiva estratégica enfatiza a importância de pensamento em longo prazo e alternativo em processos de tomadas de decisão estratégicas."

A perfeita integração entre a prospectiva e a estratégia só vai existir se houver compreensão apropriada por todos os atores da empresa, desde o topo da hierarquia ao final desta.

Estratégia usa previsão e inovação, ao passo que prospectiva usa pré-atividade e pró-atividade. Estes conceitos devem ser amplamente difundidos nas empresas com o objetivo de não haver dúvida e interpretações míopes.

GODET (1999) afirma: "Dada sua similaridade, o termo prospectiva estratégica tem circulado desde o final dos anos oitenta, especialmente em francês (*prospective stratégique*). Entretanto, nos perguntamos de que outra maneira um estrategista poderia agir de alguma outra forma que "vendo longe, com amplidão e profundidade, enquanto correndo riscos e pensando sobre a humanidade"? Nós continuamos parafraseando Gaston Berger (1964) o qual adiciona que "olhar para o futuro perturba o presente". Através deste último ponto de vista nós concluímos firmemente que a antecipação encoraja a ação. Por enquanto nós estamos convencidos que a prospectiva é muitas vezes estratégica; se não é através de seu resultado pelo menos através de suas intenções e, similarmente, a estratégia chama a prospectiva para esclarecer escolhas feitas com o futuro em mente".

Infelizmente não existem estatísticas para o futuro e muitas vezes o julgamento pessoal é a única informação disponível para lidar com o desconhecido. É então necessário coletar as opiniões de outras pessoas antes de formar a sua própria e daí apostar na forma de probabilidades subjetivas.

Mas ponto importante é que nosso mundo continuará a modificar-se de forma acelerada, cada vez maior. Se isso de fato for concreto, é muito custoso acreditar que as organizações do século XX – mesmo as que são consideradas máquinas incríveis – conseguirão lidar com um mundo que evolui com uma rapidez e imprevisibilidade muito maiores. Se os líderes não adotarem um novo modo de agir, as consequências poderão ser graves, tanto para as empresas, governos, economias, sociedade e, em última análise os bilhões de seres humanos que vivem no nosso planeta.

Ao mesmo tempo, se pudermos implementar com sucesso uma nova forma de operar as organizações que não sejam capazes de lidar com este novo ambiente, mas consigam enxergar oportunidades, beneficiando-se dele, oferecendo melhores produtos e serviços, ampliando riquezas e criando mais e melhores empregos. Nesta Quarta Revolução Industrial, temos consequências negativas com potenciais graves, mas também temos enormes vantagens potenciais.

Os líderes devem ser capazes de realizar a prospectiva, visando identificar os sintomas e sinais de mudança, e agindo sobre eles de forma a trazer benefícios.

A prospectiva e a estratégia podem permanecer como entidades distintas e é necessário distinção entre:

- um tempo para antecipação, ou seja, o estudo de mudanças possíveis e desejáveis;
- um tempo de preparar a ação, ou seja, a elaboração e a avaliação de possíveis escolhas estratégicas para poder estar preparado para mudanças esperadas (pré-atividade) e provocar mudanças desejáveis (pró-atividade).

O "Gap" existente entre a antecipação e o preparo da ação implica, segundo GODET (1999) em questões:

1. o que pode e deve acontecer?
2. o que eu posso fazer?
3. o que eu vou fazer?
4. como eu vou fazê-lo? E a pré-questão essencial,
5. quem sou eu?

Muitas vezes ignorada, a última questão é crucial como ponto de partida para o estudo da prospectiva. Podemos retirar a lição de Sócrates, "conhece a ti mesmo".

Somente a abordagem prospectiva com uma atitude pré-ativa e pró-ativa é focada na questão "o que pode e deve ser feito?"

Portanto a expressão "Prospectiva Estratégica", segundo Godet (1999) é reservada para "estudos de futuros tendo ambições estratégicas e pontos finais para aqueles que se incumbem deles".

Diante disso é que pela falta de antecipação do passado que o presente está lotado de questões a serem resolvidas. Hoje, o mundo em constante mudanças, há a real necessidade de um grande esforço de prospectiva, exigindo a reação com flexibilidade, embora sem perder o rumo. As empresas necessitam ser agentes de mudanças e não só ser o objeto da mudança. Para isso as empresas devem inovar constantemente.

Diante do futuro, segundo GODET (1999): "os homens podem escolher quatro atitudes:

- **avestruz, atitude passiva:** sofre com a mudança;
- **bombeiro, atitude reativa:** aguarda que o "fogo" se declare para combater;
- **segurador, atitude pré-ativa:** se prepara para as mudanças possíveis porque sabe que a reparação é mais cara que a prevenção;
- **conspirador, atitude pró-ativa:** que atua no sentido de provocar mudanças desejadas". (GODET, 1999)

A conclusão que podemos chegar é que as empresas devem planejar e operacionalizar as três atitudes: reativa, pré-ativa e pró-ativa. Num contexto de contingência a reação passa a ser mais importante que as outras atitudes, num contexto de mudanças de mercado e crescimento há a necessidade da empresa ser pré-ativa – antecipar as mudanças, como também provocá-las (pró-ativa), através da inovação.

Sendo o futuro incerto, múltiplo e aberto, o que vai se passar no amanhã depende menos de tendências passadas do que ações implantadas pelos homens diante das respectivas tendências. Portanto o futuro é em parte, consequência da vontade humana e para haver eficácia deve-se levar em consideração, segundo GODET (1999), cinco idéias chaves da prospectiva:

1. O mundo muda, mas os problemas continuam: são sempre os homens e as empresas que fazem a diferença;
2. Os atores são os elementos chaves nos pontos de bifurcação: o desejo de mudança é o motor da auto-organização;
3. Contra a complicação do Complexo: entre dois modelos, o melhor será aquele que se aproximar da realidade e representar mais simplesmente os dados da observação;
4. Colocar as boas questões e desconfiar das ideias feitas: as ideias feitas e o modismos devem ser olhados com séria desconfiança, pois constantemente são fonte de erros de análise

e de previsão. A busca constante pelo novo e incerto é indispensável para a prospectiva;

5. Da antecipação à ação, pela apropriação: a reflexão prospectiva sobre a ambiência e contextos (ameaças e oportunidades) permite a apropriação estratégica. Portanto a apropriação intelectual constitui ponto de passagem para que a reflexão se torne ação.

Não existe para a prospectiva oposição, mas sim ação que é complemento entre a intuição e a razão.

Portanto a primeira forma do líder enfrentar o Mundo VICA é trabalhar com Cenários prospectivos, utilizando variados Métodos. Cenários Prospectivos, segundo os dois grandes especialistas, Godet e Peter Schwartz, possuem os seguintes conceitos:

"O conjunto formado pela descrição, de forma coerente, de uma situação futura e do encaminhamento dos acontecimentos que permitem passar da situação de origem à situação futura." GODET (1997), complementa sua definição afirmando que um cenário não é a realidade futura, mas um meio de representá-la, com o objetivo de nortear a ação presente à luz dos futuros possíveis e desejáveis.

Para SCHWARTZ (1996), cenários são uma ferramenta para ordenar a percepção sobre ambientes alternativos futuros, nos quais as decisões pessoais podem ser cumpridas. Ou um conjunto de métodos organizados para sonharmos sobre o futuro de maneira eficiente. De forma resumida, o autor define cenários como "histórias de futuro", que podem nos ajudar a reconhecer e nos adaptarmos aos aspectos de mudança do ambiente presente.

O objetivo da construção de cenários prospectivos é a empresa aguçar:

1. Sua acuidade perceptiva – preparação psicológica e mental, radar ligado, para enxergar além do campo de visão e identificar as anomalias, contradições e excentricidades no cenário externo, antes dos outros;
2. Capacidade de enxergar oportunidades na incerteza – reconhecer que a incerteza é um convite ao ataque, conduzindo a

organização a outro lugar no cenário de instabilidade. A menos que você seja pego de surpresa e não tenha tempo;

3. Capacidade de divisar um novo caminho e se comprometer com ele – estar disposto a se reinventar e aprender, desenvolver habilidades necessárias, o que inclui domínio no uso da digitalização e algoritmos;
4. Habilidade de realizar a transição para o novo caminho – a estratégia de partir para o ataque exige do líder e da empresa mudanças estruturais, assim como adaptação constante na definição de prioridades;
5. Capacidade de fazer com que a organização seja direcionável e ágil – tornar a organização ágil, vinculando, em tempo real, a realidade externa às atribuições de tarefas;

Na figura abaixo um diagrama com as fases que o francês Michael Godet recomenda que utilize na construção de cenários prospectivos, visando a organização e seus líderes enfrentarem com maior precisão as incertezas e volatidades.

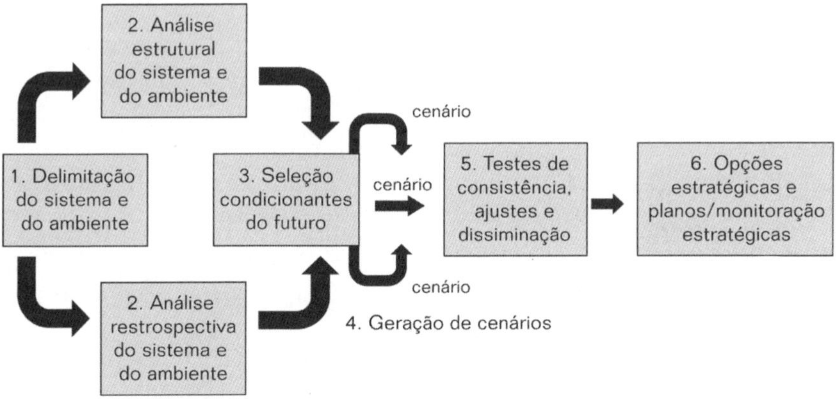

Figura 6: Processo de Construção de Cenários Prospectivos – Michael Godet

Fonte: Notas de aula de Brasiliano, Antonio Celso Ribeiro Brasiliano

Podemos concluir nesta seção que a forma como o líder irá lidar com a incerteza ao seguir em frente coloca a organização em dois mundos:

1. É o antigo mundo das competências empresariais, ganhos incrementais e atitude defensiva;
2. O mundo dos empreendedores exponenciais que criam novas necessidades, agem com rapidez e colocam obstáculos no caminho dos adversários.

Qual devemos estar? Creio que a resposta é óbvia. Para enfrentar o VICA, temos que ser empreendedores exponenciais.

6. Planejamento Estratégico Formalizado ainda é Válido Diante do Mundo VICA?

6.1 Contexto

O Relatório Global Risk Report, do Fórum Mundial, na sua décima sétima edição ressalta que a inteconectividade em riscos é estratégica para que haja uma clara compreensão da moldura e do conteúdo do contexto a ser enfrentado pelos líderes empresariais. Sem esta ferramenta fica impossível realizar as ligações necessárias e identificar as motricidades dos riscos. Com isso as lideranças das organizações realizam "voo cego", sem enxergar a Volatidade, Incerteza, Complexidade e Ambiguidade deste nosso contexto.

O ano de 2016 observou profundas mudanças na forma como enxergamos os riscos globais. A polarização social, a desigualdade de renda e a orientação interna dos países estão se derramando sobre a política do mundo real. Através de resultados eleitorais recentes nos países do G7, essas tendências deverão ter um impacto duradouro na forma como as economias agem e se relacionam umas com as outras. Elas também provavelmente afetarão os riscos globais e as interconexões entre eles.

Confrontados com a incerteza e o dinamismo nos ambientes de negócio, muitos líderes empresariais, indicam que a vantagem competitiva e a estratégia são irrelevantes diante de tanta volatidade do mercado. Argumentam que não há mais necessidade de realizar seus Planejanentos Estratégicos, pois as mudanças são muito rápidas e os Planos acabam não sendo seguidos.

Até podemos concordar que os Planos Quinquenais tornaram-se obsoletos, pois podem ser na verdade um impecilho ou amarra para as operações, como já foi muito bem dito por Henry Mitzberg, em Ascenção e Queda do Planejamento Estratégico.

Algumas décadas passadas era possível e importante, planejar em longuíssimo prazo. As empresas faziam investimentos estratégicos pensando em uma década ou mais no futuro, e o plano quinquenal servia como documento que descrevia os detalhes da implementação dessas apostas estratégicas de longo prazo. No entanto em um mundo exponencial, o plano quinquenal não apenas é impraticável, como seriamente contraproducente.

Parece contraditório, pois se as empresas necessitam de agilidade e velocidade, então elas deveriam estar mais preocupadas com o futuro mais distante ? Sim, na teoria! Na prática é que o futuro está extremamente volátil, que qualquer previsão pode levar os líderes a produzir falsos cenários, levando-os a acreditar em contextos que não irão ocorrer. Pode ser uma miopia?

Desta forma questiono:

1. Cabe ainda o Planejamento Estratégico Formalizado, no ciclo quinquenal?
2. As ferramentas, hoje utilizadas pelos líderes, na construção do Plano Estratégico, tais como cenários prospectivos, matriz swot, curva de valor, balaced score card – BSC, cadeia de valor, processos críticos, fatores críticos de sucesso, entre outras, são adequadas para este mundo Volátil, Incerto, Complexo e Ambíguo – VICA?
3. Como identificar as Incertezas Críticas ? Tratamos, Monitoramos ou Estruturamos Planos de Contingência?

4. Como suportar os denominados Cisnes Negros, eventos com baixíssima probabilidade, mas com impactos massivos na empresa, fazendo com que os objetivos estratégicos não sejam atingidos?

Temos uma série de autores que compensa comentar para que possamos ter uma base de crítica. Prahalad e Hamel, 1989, sustentavam que as empresas deveriam ter uma " intenção estratégica", cuja base estava no estabelecimento de uma meta que merecia um esforço pessoal e comprometimento, mas com um relacionamento diferente entre meios e fins. Para Prahalad e Hamel (1989, pg 54), " conquanto a intenção estratégica seja clara no que se refere aos fins, ela é flexível quanto aos meios, e deixa campo para improvisasões. Conseguir intenção estratégica exige enorme criatividade com relação aos meios". A intenção estratégica pode ser entendida como sendo o conceito de Visão, ou seja, noção de destino ou um alvo. Para Prahalad e Hamel (1995, pg 154) , " a intenção estratégica de ve o objetivo e o compromisso de cada funcionário". Neste caso há um espaço para que a liderança tenha condições de flexibilizar suas ações e utilização de seus recursos.

A intenção estratégica pode também ser relacionada com a abordagem de negócio apresentada por Levit (1960), que pregava que a empresa precisaria definir extamente qual é o seu negócio, definir seus pontos fortes e fracos e estabelecer uma cadeia de valor necessária para sua atuação. Levit passa a enfatizar o "core" do negócio com suas atividades críticas, trocando a ótica do mercado em afirmar que as empresas não deveriam supor que o crescimento seria o único fator estratégico. Esta é a grande armadilha, pois setores inteiros ficaram por décadas orientados pelos meios e não pelos fins, ou seja, quando está orientada para o produto e não para o cliente. Levit (1960) sustentou esta afirmação com casos de setores inteiros, tais como as ferrovias, que "permitiram que outras tomassem seus clientes porque suponham que seu negócio era ferroviário, e não o de transportes". (Levit, 2004, pg. 88). Para Levit (2004, pg 98) "é vital e estratégico que os líderes entendam a visão de que um setor é um processo de satisfação do cliente, não um processo de produção de de mercadorias".

A grande sacada foi ressaltar que a estratégia seria satisfazer a necessidade e ou expectativa do cliente, mesmo que ele não soubesse ainda! Com esta visão a empresa começa a pensar quais produtos e serviços devem ser inovados e oferecidos ao mercado, não sendo surpreendidos por concorrentes disruptivos. Se as empresas de ferrovias tivessem uma visão abrangente e clara sobre o seu negócio, transportes, elas seriam também empresas de transportes aéreas. Desta forma não perderiam mercado ou não teriam que brigar por uma fatia pequena do mercado, por uma questão de obsolescência. As empresas de ferrovia não pensaram em inovar e ter criatividade!

Já Porter (1996, pg.64) buscou definir estratégia competitiva a partir de diferenciação: " A estratégia competitiva é sobre ser diferente. Isto significa escolher deliberadamente um conjunto diferente de atividades de forma a entregar um mix de único de valor". Porter conceitua que a empresa necessita ter uma cadeia de valor, atividades críticas, mas que estas atividades devam ser interconectadas de tal forma que seja muito difícil a concorrência imitar. Por esta razão a criatividade e inovação estão sempre como foco de atuação para os líderes empresariais. Desta maneira a empresa com seus produtos passam a ter um posicionamento estratégico, ligado a diferenciação, que está ligado a cadeia de valor, que por sua vez está ligada aos processos e atividades críticas integradas, gerando e agregando valor ao cliente. Em tempos de alta incerteza e turbulência a diferenciação passa a ser uma constante, exige um carga muito forte de criatividade por parte da empresa. A formulação da estratégia, que é a execução das atividades críticas de forma diferenciada, devem estar ancoradas na antecipação dos fatores básicos da força, explorando as mudanças de mercado, principalmente as de futuro. Construir o mercado de amanhã!

Outro guru em estratégia é Mintzberg, que sempre pregou que o planejamento estratégico deveria ser altamente flexível, tendo em vista as dinâmica e volatidade das variáveis que compõe o mercado de hoje. Para Mintzberg (1985, pg 257), " comparando-se a estratégia intencionada com a estratégia realizada tem nos permitido distinguir estratégias deliberadas, que são realizadas como intencionadas, de estratégias emergentes, padrões ou consistências percebidas apesar ou não na ausênciana de intenções". A diferença fundamente entre as estratégias deliberada e emergente, segundo Mintzberg (1985, pg. 270) é " enquanto a primeira está focada

Na direção e controle, executando o que foi desejado; a segunda abre a possibilidade do aprendizado estratégico". Mintzberg enfatiza que o trabalho do estrategista é o mesmo de uma escultora, pois ambos estão situados entre suas experiências passadas e suas perspectivas para o futuro. Na comparação do trabalho da escultora, que tinha para a obra, no desenrolar da ação chegou à outra. Mintzberg (1998, pg. 420) cita que "ela, a escultora, sabe exatamente o que funcionou no passado". Os estrategistas, "como as escultoras, eles situam-se entre um passado de capacidades empresariais e um futuro de oportunidades de mercado". Outra forte contribuição de Mintzberg (1998, pg. 424) é que não separa pensamento de ação, "a proposição apresentada sustenta que o pensamento e ação acontecem em conjunto, e, mais do que isso, um deriva do outro". Mintzberg colabora de forma incisiva de que o Planejamento Estratégico só é válido se for flexível, sem amaduras pesadas, caso contrário a estratégia traçada, caminho escolhido pela empresa, não poderá ter qualquer tipo de desvio. Isto acontecendo a empresa corre o grande risco de não conseguir atingir seus objetivos. Então a flexibilidade, agilidade, rapidez na tomada de decisão por parte da liderança, passa a ser primordial a sobrevivência da empresa. Tem que haver espaço para manobrar, caso contrário a empresa fica parada e torna-se uma presa fácil para os predadores de mercado.

6.2 Alternativa para Elaborar Estratégias Flexíveis

Minha opinião sim, tem que haver estratégias elaboradas, com base nos cenários e nos atributos das empresas. Só serão válidas estas estratégias se forem atender ao VICA, ou seja, flexíveis o suficiente para enfrentar as volatidades, incertezas, complexidades e ambiguidades do mercado do século XXI. Mundo com progressão exponencial. Tenho uma sugestão, que creio ser muito boa, pois os autores utilizam como base a chamada Palheta Estratégica, onde há quatro abordagens estratégicas que a empresa pode utilizar, de acordo com o tipo de contexto que o mercado se encontra. É muito flexível e estruturada.

No livro dos consultores Matin Reeves, Kunt Haanaes, Janmejaya Sinha, da Boston Consulting Group - BCG, publicado em 2015, denomindo *Sua Estratégia Precisa de uma Estratégia*, os autores ressaltam que estamos diante de um ambiente de negócios em constante mutação e mais incerto do que nunca. Isso, entre outros fatores, se deve à globalização, à rápida transformação tecnológica, interconexão econômica. Por esta razão é que muitos líderes não consigam enxergar a diversidade e variedade dos ambientes de negócio que vem aumentando dia a dia.

Os autores de *Sua Estratégia Precisa de uma Estratégia*, ressaltam que em momentos como este é que a escolha da estratégia certa, diante de determinada situação empresarial, torna-se crítica. O líder deve enxergar no nevoeiro!

Não é fácil a escolha desde 1960, data do nascimento da estratégia empresarial, o número de ferramentas e modelos de opção para os líderes cresceu sobremaneira. Em contrapartida, as respostas de como as abordagens se relacionam diante deste atual contexto incerto, revelam-se fracos e, as vezes inócuas, pegando de surpresa seus líderes e os seus negócios. São Surpreendidos!

Os autores enfatizam que para que os líderes enfrentem de forma estruturada este ambiente de negócios, combinado de dinamismo e diversidade, terá que possuir um modelo de estratégia unificado. Este modelo de estratégia unificado ajuda os líderes empresariais a correlacionarem suas abordagens estratégicas conforme as situações vigentes, executando-as de maneira eficaz; combinarem diferentes abordagens para poderem lidar com ambientes múltiplos e ou em mudanças; e, na qualidade de líderes fazerem estas estratégias serem operacionalizadas. O modelo de estratégia unificado integra cinco abordagens arquetípicas para a estratégia, tornando a empresa flexível e com extrema agilidade, que no conceito dos autores é chamada de "Empresas Ambidestras" , "escrevem com as duas mãos", tanto direita como esquerda. Para isso a liderança necessita de uma visão holística sobre o ambiente de negócios e, com base neste ambiente, escolhe a melhor e mais adequada abordagem estratégica.

Podemos resumir, de forma objetiva, os ambientes de negócio e as abordagens estratégicas a serem utilizadas. Os ambientes de negócio diferem segundo três dimensões:

Previsibilidade: O líder e ou equipe sênior da empresa pode prever o que pode acontecer?

Maleabilidade: O líder e ou a equipe sênior da empresa pode moldar o ambiente de negócio?

Aridez: A empresa com seus produtos e ou serviços pode sobreviver neste ambiente?

A integração destas três dimensões em uma Matriz Tridimensional, resulta em cinco abordagens estratégicas, com seus imperativos resultantes, no nível mais simples:

1. **Abordagem Clássica:** O líder pode prever o que pode acontecer no ambiente, mas não pode mudar. **Imperativo:** seja grande;
2. **Abordagem Adaptativa:** O líder não pode prever o que pode acontecer, grau de incerteza alto, e nem mudar. **Imperativo:** Seja rápido;
3. **Abordagem Visionária:** O líder pode prever o que pode acontecer e também mudar. **Imperativo:** Seja o primeiro;
4. **Abordagem de Formação:** O líder não pode prever o que pode acontecer, mas pode mudar se o acontecimento for negativo. **Imperativo:** Seja o Orquestrador;
5. **Abordagem de Renovação:** Ambiente agressivo para a empresa, o líder possui recursos limitados. **Imperativo:** Seja Viável.

Na figura abaixo demonstramos o Modelo Unificado de Estratégia, denoninado pelos autores de Paleta de Estratégias e os cinco ambientes e suas abordagens estratégicas.

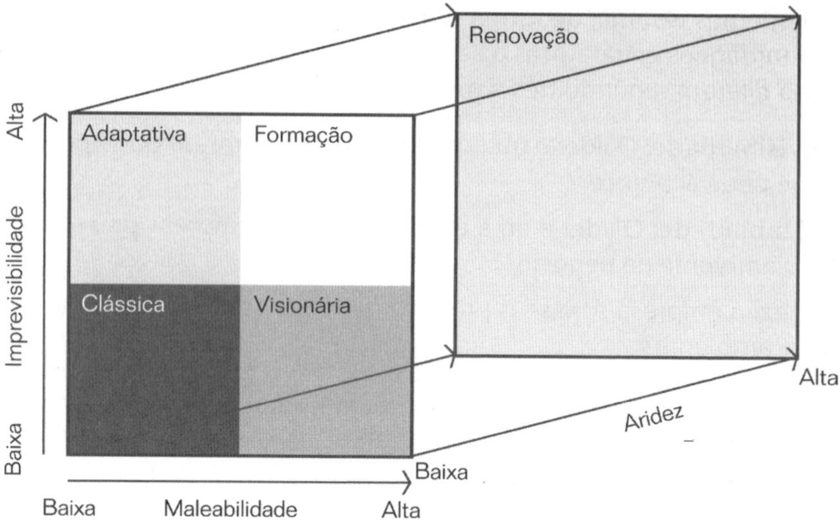

Figura 7: A Paleta das Estratégias: cinco ambientes e abordagens para a estratégia

Fonte: Reeves, Martin; Haanaes Knut; Sinha, Janmejaya. Sua Estratégia precisa de uma Estratégia. DVS Editora, São Paulo, 2015 – pg 4

Realizar um Planejamento Estratégico formalizado, com ciclos quinzenais, em um ambiente extremanete volátil e incerto, talvez não seja a melhor das opções para os líderes. O ideal é empregar e utilizar várias abordagens para a estratégia ao mesmo tempo, diante das rápidas mudanças. Por esta razão a ambidestria, passa a ser uma característica de empresas que irão sobreviver em um mundo completamente exponencial, não mais linear.

A diversidade do ambiente de negócios deste século XXI, essa diversidade, exige que seus líderes conduzam as empresas de tal forma que elas sejam ambidestra. Empresa ambidestra é aquela que possui capacidade de aplicar mútiplas abordagens para a estratégia em um determinado momento ou sucessivamente. Ambidestria é uma técnica de combinação entre a utilização das abordagens estratégicas.

A Diretora Executiva da Pepsico comenta: " Diferentes negócios em momentos distintos passam por diferentes estágios de estratégia."" Em particular, o líderes devem negociar a contradição que está no cerne da empresa." "É preciso dirigir e reinventar a empresa, em cada um de seus negócios. É algo difícil de fazer".

Um dos grandes desafios do século XXI para os líderes é tornar suas empresas ambidestras, capazes de possuir a característica de múltiplas abordagens da estratégia. Segundo pesquisa da Boston Consulting Group - BCG, publicada no livro "Sua Estratégia Precisa de uma Estratégia", a ambidestria é difícil. Apenas uma pequena minoria de empresas supera consistentemente seu setor tanto em períodos turbulentos quanto estáveis. Um indicador da ambidestria é a combinação da maneira de pensar e agir que podem ser opostas. Menos de 2% das empresas globais conseguem ser ambidestras.

6.3 Próposito ou Objetivos e Missão? Qual utilizar ou não utilizar?

6.3.1 O Problema

Um dos maiores problemas empresariais é que muitos líderes nunca pensam sobre suas estratégias de forma aprofundada, com frequência, segundo pesquisas internacionais, há um abismo entre a compreensão intelectual da estratégia e a capacidade de levar estas descobertas para a aplicação prática.

Cynthia Montgomery, em seu livro o Estrategista (2012), citou que a estratégia se tornou mais formulação da ação, mais uma necessidade de fazer uma análise correta do que implantá-la ao longo do tempo. Outro fato identificado por Cynthia, é a problemática de que o líder teria um papel de árbitro e de administrador da estratégia e que este papel foi eclipsado. Ela considera que a estratégia foi rebaixada, pelos próprios líderes, rebaixando-a, tirando-a do topo das organizações e lançando-a para uma função especializada. A estratégia perdeu o ideal, perdeu o valor, a riqueza do julgamento, a continuidade dos propósitos, o desejo de envolver a empresa em determinado objetivo.

A estratégia foi relegada a um canto e reduzida a um exercício lógico. Ao fazer isso, os líderes perderam a vitalidade, a conexão com o dia a dia da organização e do que é necessário para liderar esse esforço. A estratégia não pode ser algo fixo, um problema que pode ser resolvido e abandonado. A estratégia -e um sistema de criação de valor que sustenta a posição competitiva da organização e sua singularidade. A estratégia está em constante mutação, é um sistema que evolui, que muda, constante movimento. Claro se o mundo é VICA, a estratégia deve acompanhar em paralelo estes contextos voláteis e incertos.

Então Cynthia conclui na sua introdução que o estrategista é um convite à ação, que resgasta esse papel e cabe ao líder, e, somente ao líder esse papel. Não se ensina estratégia, mas sim pode-se preparar o líder para inspirá-lo.

O estrategista, pela inspiração, formula a estratégia, inova modelos de negócios, realiza a destruição criativa para haver constante inovação. Este ciclo deve ser contínuo.

Outro problema é que muitos líderes enxergam a liderança desconectada da estratégia. Isso não existe, pois esses dois aspectos, qua fazem parte dos líderes, já foram conectados e hoje, são os especialistas que aparecem para ajudar os administradores a anlisar o negócio e a posicionar a empresa de forma a conquistar vantagens competitivas. A estratégia se tornou um trabalho de "expert". O que foi esquecido é que a estratégia não é um destino nem uma solução. Não é um problema a ser resolvido. É UMA JORNADA, e precisa de liderança permanente. Precisa de um estrategista.

6.3.2 Empresa Conceito e Empresa Exponencial

Temos dois conceitos claros para enfrentar o mundo VICA.

No livro Organizações Exponenciais, dos autores da Singularity University, entre eles Salim Ismail, eles perguntam ao leitor se querem criar uma organização exponencial. Respondem que com base nas suas pesquisas – que inclui as cem startups que mais crescem em todo o mundo nos últimos anos –, identificaram traços comuns a todas as empresas chamadas de exponenciais. Entre atributos externos e internos, que descreverei no próximo tópico, eles incluem o chamado Propósito Transformador Massivo (PTM).

O PTM para as organizações exponenciais serve para que elas pensem GRANDE. Há uma boa razão para isso: quando uma empresa pensa pequeno, é improvável que busque uma estratégia de negócios capaz de alcançar um rápido crescimento. Mesmo que a empresa de alguma forma consiga atingir um impressionante nível de crescimento, a escala de seus negócios superará rapidamente seu modelo de negócio e deixará a empresa perdida e sem rumo. Assim, as empresas exponenciais precisam sonhar alto.

Os autores comentam no livro: "É por isso que, quando examinamos as declarações de propósito das organizações exponenciais existentes, deparamos com exemplos que, anos atrás, poderiam parecer exagerados:

- TED: "Ideias que merecem ser espalhadas".
- Google: "Organizar a informação do mundo".
- Xprize Foundation: "Promover avanços radicais para o benefício da humanidade".
- Quirky: "Tornar a invenção acessível".
- Singularity University: "Impactar positivamente 1 bilhão de pessoas"."

À primeira vista, essas declarações parecem alinhadas com a tendência de declarações de empresas serem mais curtas, mais simples e mais gerais. Mas, examinadas de perto, têm uma particularidade: nenhuma indica o que a organização faz hoje, e sim o que aspira realizar. E as aspirações não são específicas de negócios. Pretendem capturar corações e mentes – e imaginações e ambições – das pessoas, dentro e (principalmente) fora da organização.

Isso é o que os autores denominam de Propósito Transformador Massivo (PTM). A transformação radical sempre é o objetivo fundamental. E, se as empresas do passado poderiam se sentir envergonhadas de fazer tais afirmações, as ExOs de hoje declaram com sinceridade e confiança que vão realizar milagres.

É importante notar que um PTM não é uma declaração de missão. Os autores consideram que a declaração da missão nem é inspiradora nem aspiracional, por esta razão não conquista corações e mente.

Neste aspecto a Cynthia Montgomery , no livro o Estrategista, em seu capítulo 4, dedica somente a que uma empresa deve começar pela formulação da sua estratégia por propósito. Cynthia reforça que um bom propósito é enobrecedor. Ele torna os esforços da empresa mais nobres e dignos. Somado a outros méritos um bom propósito pode satisfazer essa necessidade. É inspirador para todos os envolvidos, para os colaboradores, para os consumidores e para outras partes da cadeia de valor. Um bom propósito deve ser firme, "ele precisa dizer que fazemos x, e não y". "Seremos isto e não aquilo". Tem que ser um compromisso. Escolher ser uma coisa significa abrir mão de outra. Porter reconheceu que essas escolhas envolvem concessões, ou seja, é preciso abandonar certas coisas a fim de ser o melhor em outra. A empresa que não essas escolhas correo risco de acabar não sendo singular, única.

Um bom propósito destaca a empresa e a diferencia, tornando-a singular, única. Por esta razão o propósito não pode ser genérico. Tem que passar a razão da empresa existir e o mercado tem que captar esta mensagem. De onde vem os difenciais? De inovações, insights profundos sobre como a empresa vai operacionalizar seus processos. Ás vezes a diferenciação não é uma inovação, mas sim um conjunto integrado de atividades que fazem com que a empresa seja única. E por último um bom propósito tem que agregar valor e ter bons resultados. A questão financeira não é única, mas sem ela não existirá empresa, por esta razão que os resultados tem que aparecer!

Podemos concluir que os autores, tanto a Cynthia como os da Singularity University, concordam que um bom propósito nas empresas do século XXI tem que ser aspiracional e motivador, de tal forma que consiga envolver os colaboradores, mercado e a comunidade. Esta é uma grande ferramenta estratégica para que as empresas vençam no mundo VICA, sendo pilotados pelos seus líderes de forma direta.

No caso da Cynthia, o propósito é suportado pelo sistema de criação de valor, que ela denomina "Roda da Estratégia", que na realidade é a cadeia de valor. A Roda da Estratégia mostra como a empresa pode vencer O propósito no meio diz por que você existe – o que faz de diferente e melhor que os outros – e a configuração única de atividades e recursos mostra o que irá capacitá-lo a cumprir o que promete. Abàixo um exemplo de Roda de Estratégia.

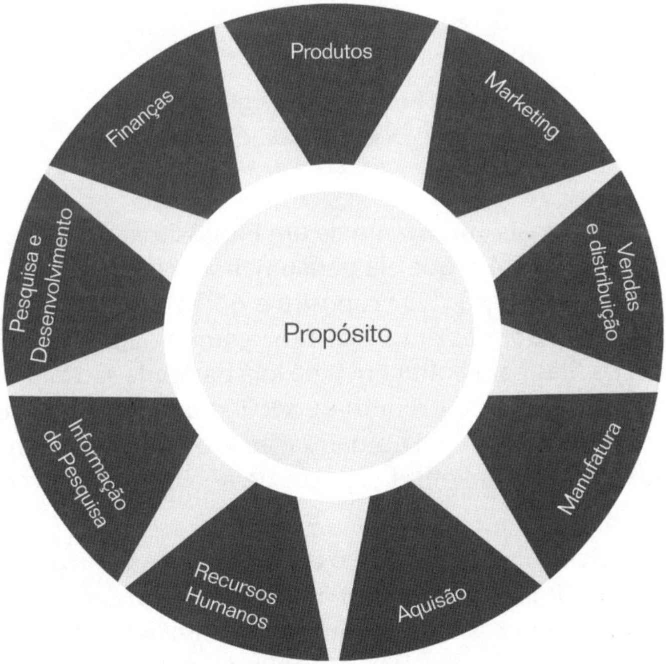

Figura 8: Roda de Estratégia: Sistema de Criação de Valor

Fonte: Montgomery, Cynthia. O Estrategista

Abaixo a Roda de Estratégia da Gucci:

Figura 9: Roda de Estratégia da Gucci
Fonte: Montgomery, Cynthia. O Estrategista

O resultado mais importante de um Propósito adequado, seja ele da Cynthia ou o PTM, é que ele gera um movimento cultural chamado de "poder da atração". O Propósito e o PTM são tão inspiradores que forma ao redor das empresas uma comunidade e uma cultura. Exemplo? As filas para entrar em uma loja da Apple são ecossistemas tão empolgados com o produto ou serviço que literalmente os puxam para fora do núcleo da organização e como que assumem sua propriedade, com marketing, serviços de apoio e até mesmo design e manufatura.

Essa mudança cultural move o ponto focal da equipe da política interna para o impacto externo, não só atrai clientes como também recruta novos talentos e age como força estabilizadora durante períodos de crescimento instável, permitindo que as organizações se dimensionem com menos turbulência.

7. Atributos de uma empresa para enfrentar o VICA

7.1 Introdução

Demora de 250 a 300 dias para uma empresa típica de bens de consumo levar seu produto do departamento de pesquisa e desenvolvimento para as prateleiras das lojas. A empresa contemporânea tem muito orgulho da velocidade com que faz isso. Relatórios anuais, anúncios e discursos proclamam como ela se digitalizou, acelerou a cadeia de fornecimento, reduziu o ciclo de aprovação, melhorou canais de distribuição.

Agora, vejamos uma empresa preparada para o século XXI, tida como exponencial de bens de consumo embalados. Ela completa esse mesmo ciclo em apenas 29 dias. Vinte e nove dias desde a criação da ideia até ver o produto à venda nas prateleiras de um varejo.

E o padrão se repete em custo também: enquanto uma empresa tradicional da indústria automobilística gasta cerca de US$ 3 bilhões para levar um novo modelo de carro ao mercado, outra preparada para o século XXI, tida como exponencial, consegue a mesma coisa por apenas US$ 3 milhões – um desempenho mil vezes melhor, embora não seja na mesma escala de produção.

Há dois fatores fundamentais que possibilitam às organizações exponenciais alcançar esse nível de escalabilidade. O primeiro é que algum aspecto de seu produto foi habilitado para informação e assim, seguindo a Lei de Moore, pode assumir as características de duplicação do crescimento da informação. O segundo é que, graças ao fato de que a informação é essencialmente líquida, as principais funções de negócios podem ser transferidas para fora da organização – para usuários, fãs, parceiros e público em geral. Este é o conceito contido no livro Organizações Exponenciais, dos autores da Singularity University, entre eles Salim Ismail.

Eles partem da premissa que as empresas ditas como exponenciais devem possuir, além do Propósito Massivo Transformador – PTM, dez atributos que refletem os mecanismos internos e externos que acionam para alcançar um crescimento exponencial. Eles utilizam o acrônimo SCALE para refletir os cinco atributos externos e o IDEAS para os cinco atributos internos. Estes atributos estão alicerçados na pesquisa realizada por eles, que inclui as cem startups que mais crescem em todo o mundo nos últimos anos.

Nem todas as organizações exponenciais possuíam os 11 atributos, mas, quantos mais elas tiverem, mais escaláveis elas tendem a ser. A pesquisa indica que um mínimo de quatro atributos implementados faz uma empresa merecer ser chamada de exponencial e já deverá lançá-la à frente de sua concorrência.

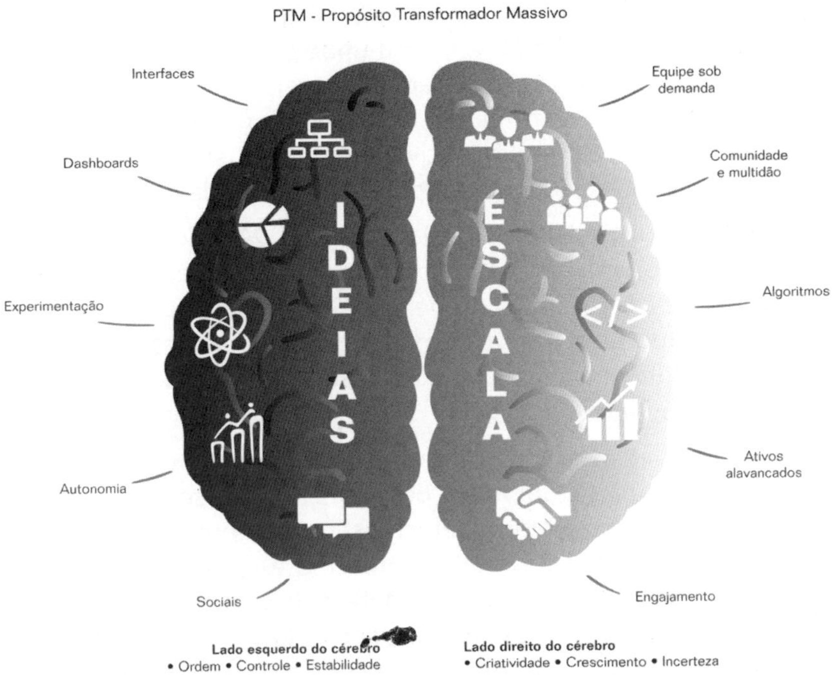

Figura 10: Atributos da Empresa Exponencial

Fonte: ISMAIL, Salim; MALONE, Michael S.; VAN GEEST,Yuri.. Organizações Exponenciais

7.2 Atributos Externos – SCALE

Os atributos externos que alavancam as exponenciais, aumentando o desempenho, resumidas no acrônimo SCALE, que em inglês significa escala:

Staff sob demanda. A maior companhia de seguros da Austrália, exige que metade de seu departamento de TI de 2,6 mil colaboradores seja composta de temporários. Isso é um esforço para manter atualizadas as habilidades gerais da organização, porque a vida útil de uma habilidade aprendida, que costumava ter 30 anos, caiu para cinco anos. O aproveitamento de pessoal de fora da organização-base é crucial para a criação e gestão de uma organização exponencial de sucesso: ter staff sob demanda é necessário para a velocidade, a funcionalidade e a flexibilidade em um mundo em rápida transformação. Isso porque, não importa quão talentosos sejam seus colaboradores, a maioria deles está se tornando obsoleta; quem tem múltiplos projetos se mantém mais competitivo. Além disso, staff sob demanda promove o tão desejado aumento da diversidade de ideias.

Comunidade e multidão. Desde maio de 2007, Chris Anderson vem formando uma comunidade chamada DIY Drones. Já foi capaz de projetar e construir um drone com 98% das funcionalidades do Predator, usado pelas Forças Armadas norte-americanas. Mas existe uma grande diferença: um Predador custa US$ 4 milhões; o drone da DIY custa US$ 300.

Hoje, a internet está produzindo comunidades baseadas em atributos que compartilham intenções, crenças, recursos, preferências, necessidades, riscos e outras características, nenhuma das quais depende da proximidade física. Para uma empresa, sua "comunidade" é composta por membros da equipe principal, ex-membros de equipe, parceiros, fornecedores, clientes, usuários e fãs. Todos que estiverem fora dessas camadas centrais podem cooperar com a empresa também, mas são classificados como multidão e são mais difíceis de alcançar.

É importante notar que a interação entre uma organização exponencial e sua comunidade nunca é simplesmente uma transação. A verdadeira comunidade ocorre quando há o envolvimento *peer-to-peer*. Normalmente, existem três passos para construir uma comunidade em torno de uma organização exponencial:

1. Usar o PTM para atrair e envolver os membros iniciais.
2. Nutrir a comunidade.
3. Criar uma plataforma para automatizar o engajamento peer-to-peer.

Já a multidão que pode ser aproveitada por uma organização exponencial é baseada na atração. Você cria um prêmio de incentivo e pronto: deixa a multidão vir até sua empresa.

Algoritmos. No coração do crescimento exponencial do Google, todos sabem, está o algoritmo PageRank, que classifica a popularidade de páginas da web. Todas as organizações exponenciais têm seu PageRank. E há dois tipos de algoritmos que estão na fronteira desse novo mundo: aprendizado de máquina (machine learning) e aprendizado profundo.

O aprendizado de máquina é a capacidade de executar com precisão tarefas inéditas, projetadas com base em propriedades conhecidas, obtidas de dados históricos ou de treinamento, e na previsão. Exemplos de algoritmos de código aberto incluem Hadoop e Cloudera. Um bom caso de aprendizado de máquina vem da Netflix, que em 2006 decidiu aprimorar suas recomendações de filmes.

Em vez de limitar o desafio em sua força de trabalho interna, a Netflix lançou um concurso com um prêmio de US$ 1 milhão, com o objetivo de melhorar seu algoritmo de avaliação de filmes em 10%. Os primeiros 51 mil participantes, provenientes de 186 países, receberam os dados de 100 milhões de avaliações e tiveram cinco anos para atingir a melhoria de 10%. O concurso terminou mais cedo, em setembro de 2009, quando uma das 44.014 propostas válidas alcançou o objetivo e recebeu o prêmio.

O aprendizado profundo é um novo e instigante subsistema do *machine learning* baseado na tecnologia de rede neural. Ele permite que uma máquina descubra novos padrões sem ser exposta a dados históricos ou de treinamento. As startups líderes nessa área são a Deepmind, comprada pelo Google no início de 2014 por US$ 500 milhões, e a Vicarious, financiada por Elon Musk, Jeff Bezos e Mark Zuckerberg. O Twitter, o Baidu, a Microsoft e o Facebook também possuem um investimento pesado nessa área.

Os algoritmos de aprendizado profundo se baseiam em descoberta e autoindexação e operam da mesma forma que um bebê que aprende os primeiros sons, depois palavras, em seguida frases e até mesmo línguas.

***Leveraged assets* (ativos alavancados).** A ideia de alugar, compartilhar ou alavancar ativos, em vez de possuí-los, teve muitas formas diferentes ao longo da história. No mundo dos negócios, a locação de tudo, desde edifícios até máquinas, foi uma prática comum para deslocar os ativos do balanço patrimonial.

E, embora a prática de não possuir ativos fosse, por décadas, um padrão para máquinas pesadas e funções não críticas (por exemplo, copiadoras), recentemente está havendo uma tendência crescente de terceirizar até mesmo os ativos fundamentais.

A Apple, por exemplo, aciona as fábricas e linhas de montagem da Foxconn, sua parceira de produção, para as linhas de produtos-chave. A tecnologia facilita acessar sem possuir. A não propriedade é, portanto, a chave para o sucesso no futuro – exceto, é claro, quando se trata de ativos e recursos escassos. É só por isso que, contra tal corrente, a Tesla possui as próprias fábricas, e a Amazon, os próprios armazéns.

Engajamento dos usuários. Técnicas de engajamento como sorteios, concursos, cupons, milhas aéreas e cartões de fidelidade já existem há muito tempo. Nos últimos anos, a novidade é que essas técnicas foram totalmente habilitadas pela informação, sendo mais elaboradas e socializadas. O que isso significa? Hoje o engajamento é criado em sistemas de rating, jogos e prêmios de incentivo. Em um programa de engajamento atual, as organizações exponenciais devem usar atributos como a transparência da avaliação, a autoeficácia (noção de controle, ação e impacto), a pressão dos pares (comparação social), o despertar de emoções positivas em vez de negativas para promover uma mudança de comportamento de longo prazo, o feedback instantâneo, regras, metas e recompensas simples e autênticas (tais como premiar apenas os outputs e não os inputs) e também moedas virtuais ou pontos.

Se devidamente implementado, o programa de engajamento cria efeitos de rede e ciclos de feedback positivo com grande alcance. Vale ressaltar que, especialmente para a geração Y, jogos geram um engajamento importantíssimo.

7.3 Atributos Internos – IDEAS

Crescer em alta velocidade, como é próprio de uma organização exponencial tende a criar caos e pode levar à desintegração. Os atributos internos são os que permitem gerenciar o caos e evitar essa desintegração.

Interfaces. São processos de filtragem e comparação pelos quais as organizações exponenciais ligam as externalidades de SCALE com as estruturas de controle interno de IDEAS. Começando de forma manual e gradualmente se automatizando, o que esses processos fazem é criar uma migração sem atritos dos atributos externos para os internos. E, um dia, eles se tornam plataformas de autoprovisionamento que permitem a expansão da organização exponencial.

Dois exemplos significativos de interfaces são o AdWords, do Google, e a App Store, da Apple; ambos fazem a ligação interna com o atributo "comunidade/multidão" do mundo externo. No Uber, a interface interna com o atributo externo "ativos alavancados" é a plataforma de seleção de motoristas.

Dashboards. Devido às enormes quantidades de dados de clientes e colaboradores que vão se tornando disponíveis, as organizações exponenciais precisam de uma nova maneira de se avaliar e gerenciar: um dashboard adaptável e em tempo real, com todas as métricas essenciais dos colaboradores da empresa, acessíveis a todos na organização.

Os dashboards são fundamentais para as organizações exponenciais, porque o crescimento acelerado exige estruturas rígidas de controle – as avaliações do negócio, dos indivíduos e da equipe têm de ser, inclusive, integradas e executadas em tempo real, porque, no hipercrescimento, os pequenos erros podem aumentar muito rapidamente.

Nos dashboards de uma organização exponencial, não há espaço, portanto, para as chamadas "métricas de vaidade" (estatísticas como o número de visitantes ou de downloads de apps). Estas são substituídas por métricas (KPIs) de valor real, tais como o uso repetido, o percentual de retenção, a monetização e o Net Promoter Score (NPS – mede se os clientes se dispõem a recomendar a empresa a amigos), com base no popular movimento da startup enxuta.

As exponenciais têm mais de uma técnica para isso, mas o uso das métricas OKR (sigla em inglês de objetivos e resultados-chave) vem crescendo em particular. O objetivo é o sonho da organização – de natureza qualitativa mesmo que envolva um número e sempre desconfortável –, enquanto o resultado-chave é o critério de sucesso – sempre quantitativo. Aumentar as vendas em 25% é um exemplo de objetivo, e formar duas novas parcerias, um resultado-chave.

Em geral, cada iniciativa tem até cinco objetivos e quatro resultados-chave no dashboard, e o atingimento de 60% a 70% de ambos é o ideal (se for 100%, significa que a expectativa estava baixa demais). Mais ExOs têm estabelecido OKR de alta frequência, com um alvo por indivíduo por mês ou até por semana.

Experimentação. Trata-se da metodologia da startup enxuta de submeter os produtos, a testes frequentes com consumidores, com riscos controlados, e ir modificando-os conforme os feedbacks recebidos. O princípio por trás da experimentação é que um grande número de ideias de baixo para cima, se devidamente filtradas, sempre supera o pensamento de cima para baixo, não importando o setor ou a organização, porque há o "aprendizado escalável".

Considerando as taxas de crescimento das exponenciais, essa é a única estratégia possível para elas.

Autonomia. Equipes auto-organizadas e multidisciplinares que operam com uma autoridade descentralizada são um dos mais importantes atributos internos de uma exponencial. Isso pode ser ilustrado pela Valve Software, empresa de jogos que tem 330 colaboradores, mas não possui estrutura gerencial clássica, com cadeias hierárquicas, descrições de trabalho e reuniões regulares. Em vez disso, a empresa contrata pessoas talentosas, inovadoras e com iniciativa, que decidem de quais projetos desejam participar. Elas também são incentivadas a iniciar novos projetos, desde que estes se enquadrem no PTM da companhia.

Essa autonomia extrema tem funcionado bem para a Valve. Ela possui uma receita por colaborador maior do que a de qualquer outra empresa de jogos, e esse estilo cria uma cultura sociável, aberta e confiante, com uma equipe altamente satisfeita.

Mesmo que não sejam tão extremas, muitas organizações exponenciais se organizam internamente não em departamentos tradicionais e com camadas de média gerência, mas em equipes interdisciplinares, auto-organizadas e com autoridade radicalmente descentralizada.

Já há uma tendência clara – e constante – em direção a maior autonomia no local de trabalho, seja em que tipo de empresa for: teletrabalho, outsourcing , organizações virtuais e achatadas. O que prevemos, como resultado disso, é que a abordagem enxuta do OKR aos poucos substituirá a supervisão top-down tradicional.

Social – Tecnologias sociais. Tudo começou com o e-mail, que proporcionou uma conectividade assíncrona; depois vieram as wikis e intranets, que ofereceram informação síncrona compartilhada; hoje temos fluxos de atividade que fornecem atualizações em tempo real nas organizações, em redes sociais internas.

Quando se trata de fazer um negócio avançar, J.P. Rangaswami, cientista-chefe da Salesforce, atribui à tecnologia social três funções principais:

1. Reduzir a distância entre a obtenção (e o processamento) da informação e a tomada de decisões.
2. Em vez de procurar informações, fazer com que elas fluam por meio de sua percepção.
3. Alavancar uma comunidade para formar ideias.

Na perspectiva dos autores, para contribuírem para o hipercrescimento das organizações exponenciais, as tecnologias sociais devem ter seus sete elementos-chave bem implementados: objetos sociais definidos, fluxos de atividades, gerenciamento de tarefas, compartilhamento de arquivos, telepresença, mundos virtuais e sensoriamento emocional.

Quando isso acontece, esses elementos criam transparência e conexão e, o mais importante, reduzem a latência da informação em uma organização. O objetivo final é o que o Gartner Group chama de empresa de latência zero – isto é, uma sociedade em que o tempo entre o surgimento da ideia, sua aceitação e sua implementação praticamente desaparece e onde essa implementação pode proporcionar um significativo retorno sobre o investimento.

7.4 Conclusão

A sua empresa está preparada para enfrentar o VICA? Quer fazer disrupção interna com estes modelos?

A organização exponencial, com estes 10 atributos, pode parecer revolucionária, mas na verdade muitas de suas características já se revelaram há muito tempo em certas partes do mundo dos negócios.

Assim como o General Stanley McChrystal teve que quebrar dogmas, como hierarquia, formação de equipes pequenas, flexíveis e autônomas; as empresas também devem se reinventar nos modelos de negócio e nas suas estruturas organizacionais, caso contrário correm o risco de desaparecer, em função da liderança estar mípoe ou só focada nos resultados financeiros trimestrais.

Características da organização linear	Características da ExO
Organização top-down e hierárquica;	Autonomia, tecnologias sociais;
Impulsionadas por resultados financeiros;	PTM, dashboards;
Pensamento sequencial e linear;	Experimentação, autonomia;
A inovação vem principalmente de dentro;	Comunidade e multidão, staff on demand, ativos alavancados, interfaces (inovação nas bordas);
O planejamento estratégico é, em grande parte, uma extrapolação do passado;	PTM, experimentação;
Intolerância ao risco;	Experimentação;
Inflexibilidade dos processos;	Autonomia, experimentação;
Grande números de ETIs;	Algoritmos, comunidade e multidão, staff on demand;
Controla/possui seus próprios ativos;	Ativo alavancados;
Fortemente investida em status quo.	PTM, dashboards, experimentação.

Figura 11: Quadro Comparativo das Características entre Empresas Lineares versus Exponencial

Fonte: ISMAIL, Salim; MALONE, Michael S.; VAN GEEST,Yuri.. Organizações Exponenciais

8. Gestão de Riscos no Mundo VICA

8.1 Introdução

O atual contexto de Gestão de Riscos Corporativos das organizações, no Brasil e no mundo, está cada vez mais complexo e dinâmico, exigindo um processo com alta flexibilidade e, mandando um nível elevado da área de gestão de riscos, bem como uma maior tempestividade na avaliação contínua e na resposta a potenciais cenários de riscos, tanto os positivos como os negativos.

Hoje com o Mundo VICA – volátil, incerto, complexo e ambíguo, a Gestão de Riscos passa ser uma ferramenta estratégica para que as empresas possam cumprir com seus propósitos e identificar as incertezas críticas para que, em conjunto com os líderes possam avaliar e reagir de forma rápida e adaptativa.

A Gestão Integrada em Riscos Corporativos, com o volume de informações e as inúmeras disciplinas, mudou de forma drástica o conceito e a função do gestor de riscos neste século XXI. A verdadeira função do gestor de riscos é a integração das informações e a análise e Interpretação, tendo como grande desafio realizar nas empresas a Inteligência em Riscos Corporativos – IRC.

Isto significa que as variadas disciplinas de riscos devem estar debaixo do mesmo Framework, falando a mesma linguagem, de tal forma que possa haver a interpretação das informações consideradas relevantes, para gerar inteligência em riscos na organização.

Esta Inteligência em Riscos Corporativos – IRC, integração das disciplinas, agrega valor para o negócio e, previne contra as volatidades e incertezas do ambiente de negócios, além de diminuir a complexidade e deixar mais claro, menos ambíguo o contexto onde a empresa está inserida. Desta forma a IRC ajuda a empresa a priorizar recursos, atingir com seus objetivos chaves Estabelecidos e torna a empresa mais resiliente, pois tem a visão da antecipação.

Outro desafio prioritário da IRC é integrar a estrutura de gestão de riscos aos processos e às estratégias da organização. Além de mensurar os riscos da empresa, o objetivo destacado pelas organizações é a criação de uma função integrada às estratégias da organização, que gere e preserve valor aos acionistas.

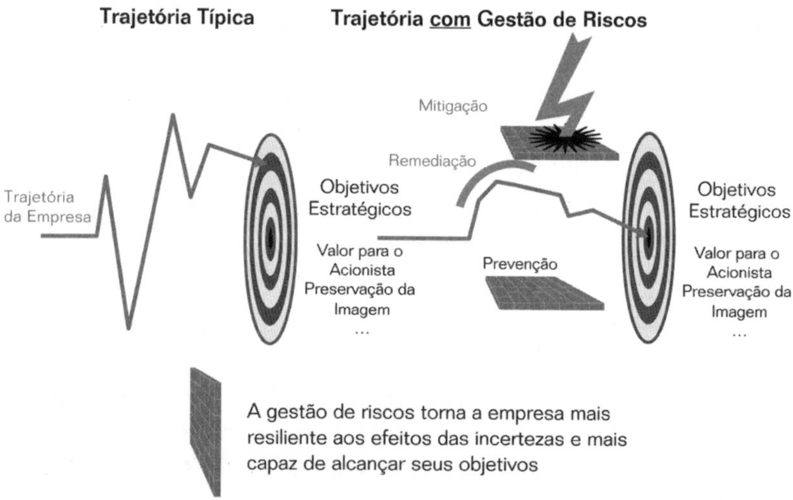

Figura 12: A Inteligência em Riscos Corporativos ajuda as empresas a atingirem seus objetivos chaves

Fonte: Brasiliano, Antonio Celso Ribeiro. Inteligência em Riscos.

8.2 Objetivos da Gestão de Riscos Corporativos

A premissa inerente ao gerenciamento de riscos corporativos é que toda organização existe para gerar valor às partes interessadas. Todas as organizações enfrentam incertezas, e o desafio de seus administradores é determinar até que ponto aceitar essa incerteza, assim como definir como essa incerteza pode interferir no esforço para gerar valor às partes interessadas.

Incertezas representam riscos e oportunidades, com potencial para destruir ou agregar valor. O gerenciamento de riscos corporativos possibilita aos administradores tratar com eficácia as incertezas, bem como os riscos e as oportunidades a elas associadas, a fim de melhorar a capacidade de gerar valor.

O valor é maximizado quando a organização estabelece estratégias e objetivos para alcançar o equilíbrio ideal entre as metas de crescimento e de retorno de investimentos e os riscos a elas associados, e para explorar os seus recursos com eficácia e eficiência na busca dos objetivos da organização. Os objetivos estratégicos do gerenciamento de riscos corporativos, segundo as premissas do COSO II, publicado em 2004, são:

1. **Alinhar o apetite a risco com a estratégia adotada** – os administradores avaliam o apetite a risco da organização ao analisar as estratégias, definindo os objetivos a elas relacionados e desenvolvendo mecanismos para gerenciar esses riscos.
2. **Fortalecer as decisões em resposta aos riscos** – o gerenciamento de riscos corporativos possibilita o rigor na identificação e na seleção de alternativas de respostas aos riscos – como evitar, reduzir, compartilhar e aceitar os riscos.
3. **Reduzir as surpresas e prejuízos operacionais** – as organizações adquirem melhor capacidade para identificar eventos em potencial e estabelecer respostas a estes, reduzindo surpresas e custos ou prejuízos associados.

4. **Identificar e administrar riscos múltiplos e entre empreendimentos** – toda organização enfrenta uma gama de riscos que podem afetar diferentes áreas da organização. A gestão de riscos corporativos possibilita uma resposta eficaz a impactos inter relacionados e, também, respostas integradas aos diversos riscos.
5. **Aproveitar oportunidades** – pelo fato de considerar todos os eventos em potencial, a organização posiciona-se para identificar e aproveitar as oportunidades de forma proativa.
6. **Otimizar o capital** – a obtenção de informações adequadas a respeito de riscos possibilita à administração conduzir uma avaliação eficaz das necessidades de capital como um todo e aprimorar a alocação desse capital.

Essas qualidades, inerentes ao gerenciamento de riscos corporativos ajudam os administradores a atingir as metas de desempenho e de lucratividade da organização, e evitam a perda de recursos. O gerenciamento de riscos corporativos contribui para assegurar comunicação eficaz e o cumprimento de leis e regulamentos, bem como evitar danos à reputação da organização e suas consequências. Em suma, o gerenciamento de riscos corporativos ajuda a organização a atingir seus objetivos e a evitar os perigos e surpresas em seu percurso.

Os eventos podem gerar impacto tanto negativo quanto positivo ou ambos. Os que geram impacto negativo representam riscos que podem impedir a criação de valor ou mesmo destruir o valor existente. Os de impacto positivo podem contrabalançar os de impacto negativo ou podem representar oportunidades, que por sua vez representam a possibilidade de um evento ocorrer e influenciar favoravelmente a realização dos objetivos, apoiando a criação ou a preservação de valor. A direção da organização canaliza as oportunidades para seus processos de elaboração de estratégias ou objetivos, formulando planos que visam ao aproveitamento destes.

8.3 Definição de Gerenciamento de Riscos Corporativos

A gestão de riscos corporativos trata riscos e oportunidades que afetam a criação ou a preservação de valor. Portanto a definição que utilizaremos é a do COSO II, considerado uma das melhores práticas do mercado:

> *"O gerenciamento de riscos corporativos é um processo conduzido em uma organização pelo conselho de administração, diretoria e demais empregados, aplicado no estabelecimento de estratégias, formuladas para identificar em toda a organização eventos em potencial, capazes de afetá-la, e administrar os riscos de modo a mantê-los compatível com o apetite a risco da organização e possibilitar garantia razoável do cumprimento dos seus objetivos".*

Essa definição reflete certos conceitos fundamentais:

1. ***é um processo contínuo e que flui através da organização como um todo;***
2. ***é conduzido pelos profissionais em todos os níveis da organização, ou seja, é um processo descentralizado;***
3. ***é aplicado à definição das estratégias, alinhado com seus objetivos estratégicos;***
4. ***é aplicado em toda a organização, em todos os níveis e unidades, e inclui a formação de uma visão de portfólio de todos os riscos a que ela está exposta;***
5. ***é formulado para identificar eventos em potencial, cuja ocorrência poderá afetar a organização, e para administrar os riscos de acordo com seu apetite a risco;***
6. ***é capaz de propiciar garantia razoável para o conselho de administração e a diretoria executiva de uma organização do cumprimento de seus objetivos, pois seus riscos estão gerenciados;***

7. ***é orientado para a realização de objetivos em uma ou mais categorias distintas, mas dependentes.***

Essa definição é intencionalmente ampla e adota conceitos fundamentais sobre a forma como as empresas e outras organizações administram riscos, possibilitando uma base para sua aplicação em organizações, indústrias e setores. O gerenciamento de riscos corporativos orienta seu enfoque diretamente para o cumprimento dos objetivos estabelecidos por uma organização específica e fornece parâmetros para definir a eficácia desse gerenciamento de riscos.

8.4 Realização de Objetivos

Com base nos propósitos ou no Propósito transformados Massivo estabelecidos pela organização, a administração estabelece os planos principais, seleciona as estratégias e determina o alinhamento dos objetivos nos níveis da organização. A estrutura de gerenciamento de riscos corporativos é orientada a fim de alcançar os objetivos da organização. O processo do COSO II, publicado em 2004, sugere quatro objetivos que a estrutura de Gestão de Riscos Corporativos deve contemplar. São eles:

1. Estratégicos – metas gerais, alinhadas com o que suportem à sua missão.
2. Operações – utilização eficaz e eficiente dos recursos.
3. Comunicação – confiabilidade de relatórios.
4. Conformidade – cumprimento de leis e regulamentos aplicáveis.

Essa classificação possibilita um enfoque nos aspectos distintos do gerenciamento de riscos de uma organização. Apesar dos objetivos serem distintos, eles se inter-relacionam, uma vez que determinado objetivo pode ser classificado em mais de uma categoria, tratam de necessidades diferentes da organização e podem permanecer sob a responsabilidade direta de diferentes executivos. Essa classificação também permite diferenciar o que pode ser esperado de cada categoria de objetivos.

Em razão do fato dos objetivos relacionados com a confiabilidade e relatórios e o cumprimento de leis e regulamentos estarem sob controle da organização, pode-se esperar que o gerenciamento de riscos corporativos forneça uma garantia razoável em relação ao atendimento desses objetivos. Entretanto, a realização de objetivos estratégicos e operacionais está sujeita à ação de eventos externos nem sempre sob o controle da organização; da mesma forma, em relação a esses objetivos, o gerenciamento de riscos corporativos é capaz de propiciar uma garantia razoável que a diretoria executiva e o conselho de administração, na função de supervisão, serão informados, no momento adequado, o quanto a organização está avançando na direção do atendimento dos objetivos.

8.5 A Gestão de Riscos Corporativos e as 3 Linhas de Defesa

A economia brasileira tem sido acompanhada por movimentos profundos nas empresas nacionais e com estes movimentos demandam e reforçam a criticidade de uma Governança Corporativa efetiva e bem estruturada, já que em alguns casos a falta de requisitos mínimos de Governança Corporativa impede que algumas empresas consigam tirar proveito deste momento que o Brasil e o mundo está passando.

Adicionalmente, embora em muitos casos vários elementos de uma boa Governança Corporativa estejam presentes nas empresas, estes nem sempre são postos em prática da forma adequada.

Uma das ferramentas adequadas a Governança Corporativa, lançada em 21 de setembro de 2010 pela FERMA – Federação das Associações Europeias de Gestão de Riscos e pelo ECIIA – Confederação Europeia do Instituto de Auditoria Interna, é a Orientação sobre a 8ª Diretriz Jurídica Europeia da Empresa (Art. 41), que recomenda a implementação operacional para monitorar com eficácia a auditoria, controle interno e o sistema de gestão de risco.

O objetivo do documento foi o de auxiliar a gestão sênior na implementação da gestão de riscos, controle interno, compliance e auditoria interna e as relações com a diretoria executiva e conselho.

O documento estabelece claramente as responsabilidades entre as áreas suas relações. O conselho é responsável pela fiscalização da gestão de riscos da empresa e pelo framework de controle. Todos na empresa desempenham uma função na gestão eficaz de riscos, mas a responsabilidade primária para a gestão e o controle dos riscos é delegada ao nível de gestão adequado dentro da empresa. Ou seja, o processo é descentralizado e o dono do processo é o dono do risco. Desta forma há menos controles centralizados, pois os donos dos processos realizam sua auto-avaliação, com base nas premissas estabelecidas pela segunda linha de defesa – área de gestão de riscos. Mundo VICA, menos controle, maior velocidade, porém com o mínimo de segurança!

O CEO e o CFO possuem a responsabilidade final para o conselho para a gestão de riscos e o framework de controle. Para cumprir essas tarefas eficientemente, eles buscam se assegurar de várias fontes dentro da organização. O FERMA e o ECIIA apoiam o modelo das "três linhas de defesa" como um ponto de partida para a orientação regulatória futura. O modelo abaixo é o original publicado.

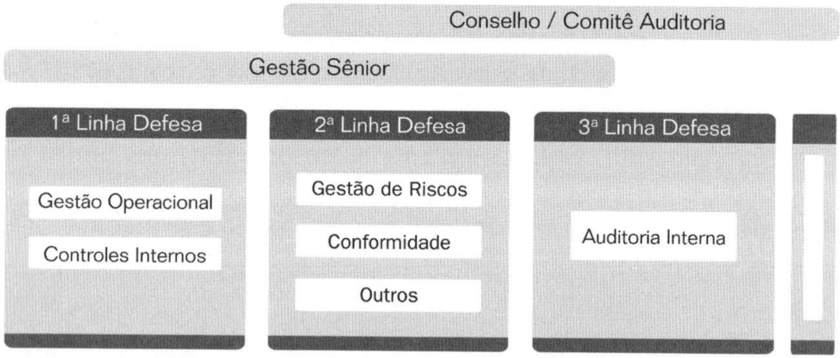

Figura 13: Framework Europeu da Governança e Conectividade entre Gestão de Riscos, Compliance, Controles Internos e Auditoria.

Fonte: 8ª Diretiva Jurídica Européia, artigo 41

Todos nós, cidadãos brasileiros e, principalmente profissionais da área de gestão de riscos e auditoria, ficamos estarrecidos com os acontecimentos de fraudes no Brasil. Estamos falando da operação Lava Jato, que a cada dia consegue mais vitórias em termos de fazer justiça e reduzir o nível de impunidade para o Brasil. Ficamos surpresos com a facilidade com que os controles foram burlados e com o franco desconhecimento da alta gestão.

Ficou mais nítido com estas fraudes, que inúmeras empresas, profissionais de riscos e auditoria interna ainda não apliquem e pratiquem a melhor prática das 3 Linhas de Defesa.

As 3 Linhas de Defesa dirigem a estratégia de atuação da área de gestão de riscos, compliance, controles internos e auditoria e foram estruturadas para descentralizar o processo de controle, dando aos usuários dos processos operacionais e estratégicos a responsabilidade primária de realizar o respectivo controle - auto - avaliação, com uma supervisão de áreas corporativas e da auditoria interna, de tal forma que haja cobertura em todos os níveis da empresa.

O modelo aprovado e implantado no Brasil e Estados Unidos, através do Instituto dos Auditories Internos, apresenta o conselho de administração e o diretor executivo, em nome da alta administração, como responsáveis pela supervisão e monitoramento dos processos de gestão de riscos e, para assumir de forma efetiva essas atribuições, eles necessitam de resultados provenientes das várias áreas envolvidas com este assunto. Esse modelo ganhou rapidamente um reconhecimento mundial por parte das organizações e das entidades que representam as funções de gerenciamento de riscos e controles e, a partir de 2013, passou a ser divulgado também através de uma Declaração de Posicionamento do IIA - The Institute of Internal Auditors.

O modelo das Três Linhas de Defesa é uma forma simples e eficaz de melhorar a comunicação o gerenciamento de riscos e controle por meio do esclarecimento dos papéis e responsabilidades essenciais. O modelo apresenta um novo ponto de vista sobre as operações, ajudando a garantir o sucesso contínuo das iniciativas de gerenciamento de riscos, e é aplicável a qualquer organização - não importando seu tamanho ou complexidade.

Mesmo em empresas em que não exista uma estrutura ou sistema formal de gerenciamento de riscos, o modelo de Três Linhas de Defesa pode melhorar a clareza dos riscos e controles e ajudar a aumentar a eficácia dos sistemas de gerenciamento de riscos.

No modelo de Três Linhas de Defesa, o controle da gerência é a primeira linha de defesa no gerenciamento de riscos, as diversas funções de controle de riscos e supervisão de conformidade estabelecidas pela gerência são a segunda linha de defesa e a avaliação independente é a terceira. Cada uma dessas três "linhas" desempenha um papel distinto dentro da estrutura mais ampla de governança da organização.

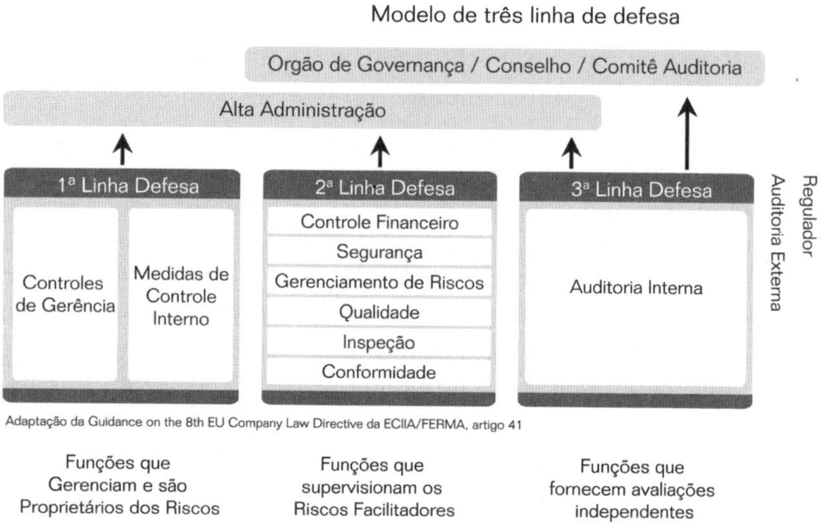

Figura 14: Modelo do IIA que o Brasil pratica

Fonte: IIA, Posicionamento, 2013

Os riscos corporativos acabam sendo concretizadas quando há falhas de cobertura, principalmente entre a primeira e segunda linha de defesa.

Os riscos acontecem quando o dono do processo não está praticando o processo de Gestão de Riscos e a segunda linha, a supervisora, falha em não identificar o risco e nem reportar e informar a alta gestão. A situação piora mais ainda quando a terceira linha, não identifica falha na segunda linha de defesa e por consequência fica míope para realizar uma auditoria baseada em riscos na primeira linha de defesa.

Este é o grande diferencial que as empresas devem possuir para operacionalizar, o dono do processo ser o dono do risco, seja qual for a complexidade do processo. Infelizmente ainda hoje no Brasil, há uma grande resistência por parte dos usuários, chamados de média gerência.

Este passa a ser o grande desafio do gestor de riscos, possuir maturidade e sensibilidade em convencer a empresa, neste mundo VICA, que a gestão de riscos não pertence a área de Gerenciamento de Riscos, mas sim aos donos do processo.

8.6 Interconectividade em Riscos – Arma contra o Mundo VICA

8.6.1 Conceito de Interconectividade

Os relatórios de Riscos Globais de 2014 a 2017 salientam como os riscos globais não apenas são interconectados, mas também possuem impactos sistêmicos. Para gerir os riscos corporativos eficientemente e construir a resiliência aos seus impactos, esforços melhores são necessários para entender, medir e prever a evolução das interdependências (INTERCONECTIVIDADE) entre os riscos, suplementando as ferramentas tradicionais de gestão de riscos com novos conceitos projetados para ambientes incertos. Se os riscos não forem eficazmente abordados e interpretados, os prejuízos serão ampliados de forma exponencial em todas as disciplinas. Podemos citar como exemplo a crise financeira de 2007/2008, onde os impactos políticos, econômicos e sociais foram de longo alcance, de forma sistêmica e de uma capilaridade avassaladora.

A natureza sistêmica dos riscos corporativos pede por uma visão estratégica holística dentro da corporação. Assim como sistemas de finanças, supply-chains, saúde e energia, a Internet e o ambiente se tornam mais complexos e interdependentes e seus níveis de resiliência determinam se eles se tornam o baluarte da estabilidade ou amplificadores de choques em cascata. Fortalecer a resiliência requer a superação de desafios de ação coletivos através do entendimento dos vasos comunicantes entre riscos.

Podemos citar o terremoto e tsunami no Japão em 2011, onde quebrou toda a cadeia logística das empresas automobilísticas ao redor do mundo. Depois do terremoto de 11 de março, as fábricas automobilística japonesas mais de 500.000 veículos deixaram de ser fabricados, e as perdas chegaram a bilhões, segundo especialistas do setor. "A China teria perdido no final de abril 25.000 veículos; a Europa, 55.000; e a América do Norte, 68.000", estima Carlos da Silva, analista da Global Insight, contatado pela AFP. A maior montadora do mundo de automóveis, a japonesa Toyota, anunciou redução 50% e 70% de sua produção na China até 3 de junho de 2011. Os problemas na cadeia de abastecimento de componentes eletrônicos e materiais plásticos custaram à Toyota uma perda produtiva de mais de meio milhão de unidades em todo o mundo até junho de 2011. O conceito de "just in Time" ficou exposto, sendo revisado em função da interdependência.

Desta maneira não basta mais somente utilizar a Matriz de Riscos, cruzando probabilidade e impacto, pois esta avaliação fornece a criticidade dos riscos, dentro de suas disciplinas.

É importante, mas não mais só isso! Há necessidade do entendimento da dinâmica entre riscos, ou seja, da Motricidade entre eles. Quais riscos possuem força e capacidade de influenciar outros riscos. A partir daí podemos enxergar a verdadeira interconectividade entre riscos.

Sem o estudo da interconectividade, realizando o estudo somente por disciplina e ou por categoria de riscos, a empresa e seus gestores correm sérios riscos de não enxergarem os riscos sistêmicos. Risco sistêmico, segundo Goldin e Mariathasan, da Princeton University:

O risco sistêmico é o risco de "colapsos em um sistema inteiro, oposto ao colapso de partes e componentes individuais". Os riscos sistêmicos são caracterizados por:

- pontos de ruptura modestos, combinando indiretamente para produzir grandes falhas;
- contágio ou compartilhamento de risco, como uma perda que desencadeia uma reação de outras;
- Sistemas sendo incapazes de recuperar o equilíbrio depois de um choque.

Este estudo começou na década de 1960 com o cientista Edward Lorenz, cientista do MIT – Massachusetts Institute of Technology, que na década conduzia pesquisas sobre previsão do tempo. Descobriu variações imperceptíveis nos valores da pressão e temperatura, que combinadas geravam efeitos massivos em questões de dias nas previsões do tempo. É dele a famosa pergunta: *Pode o Bater das asas de uma borboleta no Brasil causar um tornado no Texas?* O famoso Efeito Borboleta!

Portanto o risco sistêmico está relacionado à sensibilidade de pequenas variações nas condições iniciais de um sistema, que se desenvolvem e se combinam, produzindo um enorme efeito no sistema como um todo. Ações inconsequentes, desconexas e de pouca importância nas partes de um processo podem combinar e ocasionar impactos massivos nos processos das empresas ou no modelo de negócio.

8.6.2 Criticidade e Motricidade de Riscos

Os Relatórios de Riscos Globais de 2014 – 2017 mais uma vez salientam a importância de elaborar o estudo das conexões entre riscos, ou seja, de entender as influências entre riscos. O que um risco influência em outro. Qual é a motricidade dos riscos no contexto geral do quadro. O que os Relatórios sugerem, desde 2009, é que não só façamos o estudo da Matriz de Risco de Probabilidade e Impacto que identifica a criticidade do risco.

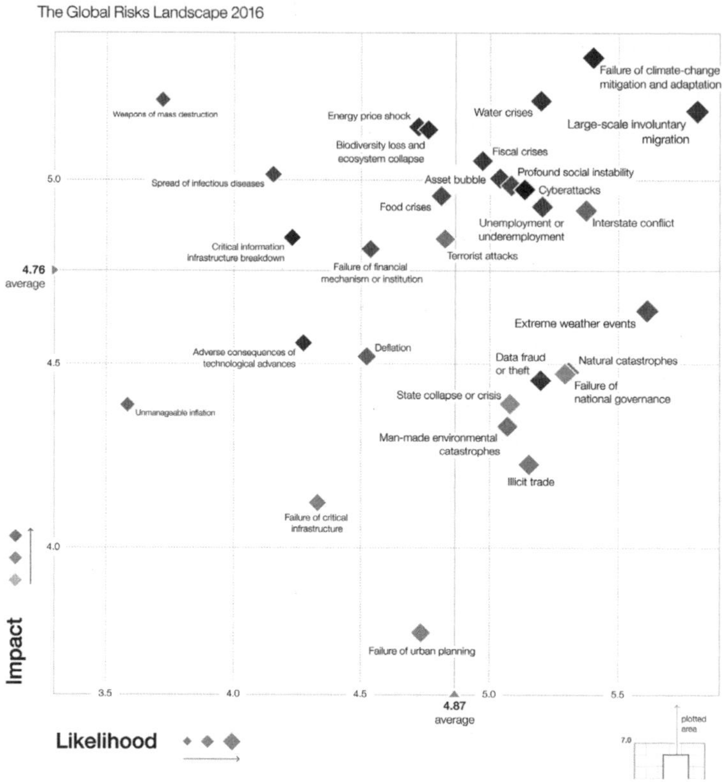

Figura 15: Matriz de Riscos Globais

Fonte: Global Risk Report, 2016

A Matriz acima só demonstra quais riscos são mais críticos, quais são mais severos. Ou seja, a Matriz de Criticidade prioriza o tratamento frente a criticidade do seu impacto e probabilidade de seu acontecimento.

Este estudo não demonstra a interconectividade entre riscos. O estudo das conexões entre riscos nos dá uma visão do risco sistêmico.

Portanto podemos concluir que a influência de um risco não crítico pode, às vezes, ser estratégico, dentro de um determinado contexto. Dentro desta ótica é imperioso que o gestor passe então a enxergar a motricidade e as conexões entre os riscos.

The Global Risks Interconnections Map 2016

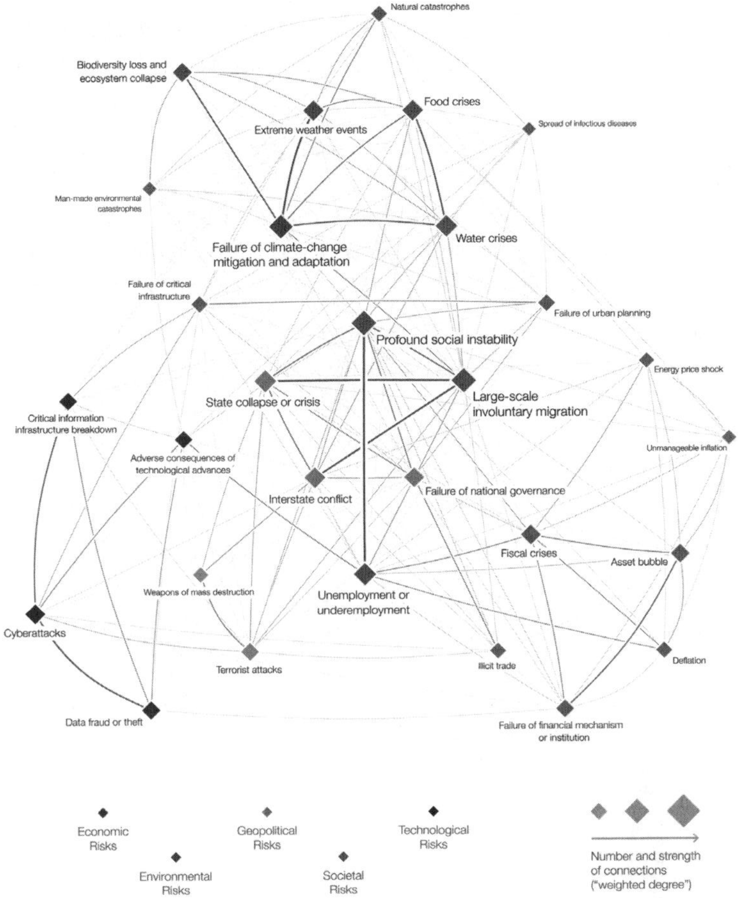

Figura 16: Interconectividade entre riscos globais

Fonte: Global Risk Report, 2016

A Matriz acima demonstra a interconectividade entre os riscos, salientando os riscos de maior motricidade, maior influência de um risco sobre o outro.

Nós da Brasiliano INTERISK trabalhamos com a interconectividade entre riscos já alguns anos, visando entender esta dinâmica.

Utilizamos para isso a Metodologia trazida da construção de cenários prospectivos, através da Matriz de Impactos Cruzados - MIC. A MIC foi adaptada da metodologia do Cenarista francês Michael Godet que tem como base o Teorema de Bayes, Probabilidades Condicionantes.

A técnica de impactos cruzados identifica os riscos considerados motrizes e de ligação, ou seja, aqueles que possuem maior influência entre os demais. Ponto importante é a aplicação da ferramenta. Não se pode aplicar esta ferramenta em qualquer tipo de estudo, mas sim para estudos de riscos estratégicos e ou riscos críticos entre disciplinas. O objetivo é enxergar quais riscos são os influenciadores.

Por exemplo se pegarmos como exemplo um estudo que fizemos para a FIFA FAN FEST em São Paulo, enxergaremos na matriz abaixo os riscos sistêmicos, que são os localizados nos quadrantes I e II (vermelhos): Motriz e de Ligação (influencia e é influenciado ao mesmo tempo, significa instabilidade). Mas estes dois influenciam o quadrante III (amarelo), que são dependentes.

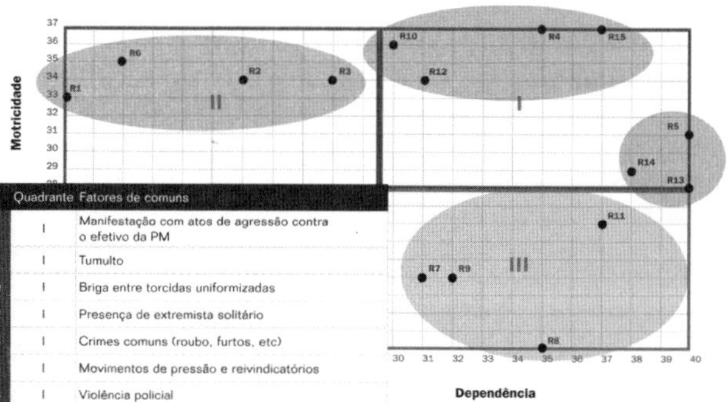

Cor	Quadrante	Fatores de comuns
R4	I	Manifestação com atos de agressão contra o efetivo da PM
R5	I	Tumulto
R10	I	Briga entre torcidas uniformizadas
R12	I	Presença de extremista solitário
R13	I	Crimes comuns (roubo, furtos, etc)
R14	I	Movimentos de pressão e reivindicatórios
R15	I	Violência policial
R1	II	Manifestação pacífica com bloqueio do tráfego local
R2	II	Manifestação com atos de vandalismo/depredação contra patrimônio público
R3	II	Manifestação com atos de vandalismo com lançamento de inflamáveis contra o público loca
R6	II	Manifestação para contenção do público para o local do evento
R7	III	Atentado terrorista criminoso
R8	III	Assédio sexual
R9	III	Arrastão
R11	III	Presença de grupos extremistas

Figura 17: Matriz de Interpretação entre os Riscos da FIFA FAN FEST em São Paulo

Fonte: Banco de Dados da Brasiliano INTERISK

Na Matriz de Riscos temos a Criticidade, ou seja, o quanto o risco é causa de potencial de dano, levando-se em consideração a probabilidade – condições presentes e futuras versus suas consequências, inserindo os sub critérios de imagem para São Paulo. Operação do evento, quesitos legais e segurança da população.

Observando a Matriz de Riscos podemos concluir que temos apenas um risco crítico, plotado no quadrante vermelho – risco 02 – manifestações com ato de vandalismo/depredação contra o patrimônio. Esta é a ambiguidade, do que fala o VICA, pois o líder pode tomar uma decisão equivocada, vendo apenas esta ferramenta que é a Matriz de Riscos.

O líder passa a não enxergar quais outros riscos são estratégicos para serem monitorados.

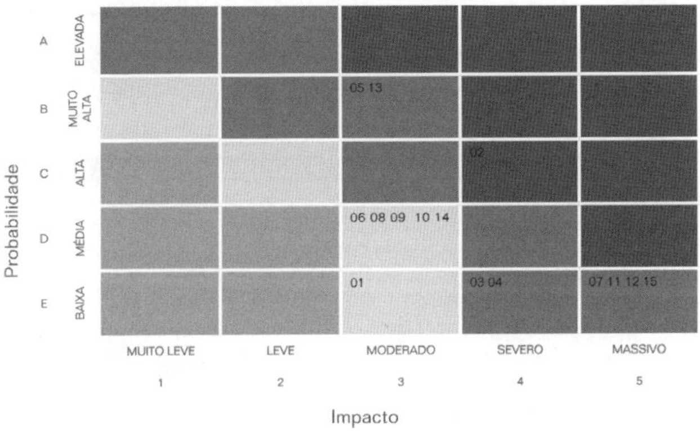

01 - Manifestação pacífica com bloqueio do tráfego local

02 - Manifestação com atos de vandalismo / depredação contra patrimônio público

03 - Manifestação com atos de vandalismo com lançamentos de inflamáveis contra o público local

04 - Manifestação com atos de agressão contra o efetivo da PM gerando violência

05 - Tumulto

06 - Manifestação para contenção do público para o local do evento

07 - Atentado terrorista criminoso

08 - Assédio sexual

09 - Arrastão

10 - Briga entre torcidas uniformizadas

11 - Presença de grupos extremistas

12 - Presença de extremista solitário

13 - Crimes comuns (roubo, furto, etc.)

14 - Movimentos de pressão e reivindicatórios

15 - Violência policial

Figura 18: Matriz de Interpretação de Impactos Cruzados

Fonte: Banco de Dados Brasiliano INTERISK

Para priorizarmos o tratamento dos riscos, escolher aqueles riscos realmente que podem causar impactos nos nossos propósitos, podemos cruzar as matrizes de risco com a matriz de impactos cruzados. Tendo como resultado a Matriz de Priorização de Riscos, conforme figura abaixo:

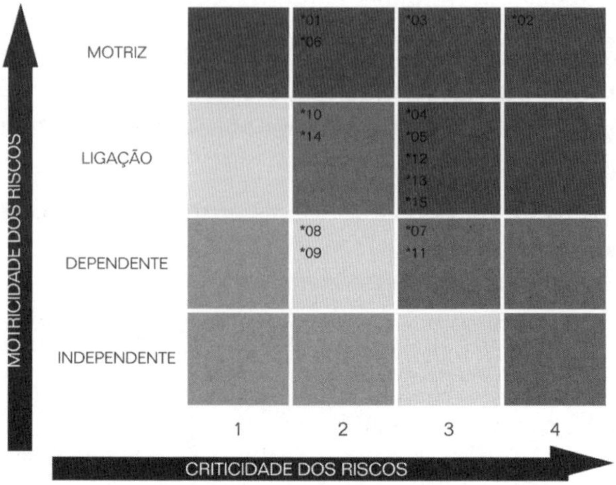

01 - Manifestação pacífica com bloqueio parcial

02 - Manifestação com atos de vandalismo / depredação contra patrimônio público

03 - Manifestação com atos de vandalismo com lançamentos de inflamáveis contra o público local

04 - Manifestação com atos de agressão contra o efetivo da PM

05 - Tumulto

06 - Manifestação para contenção do público para o local do evento

07 - Atentado terrorista criminoso

08 - Assédio sexual

09 - Arrastão

10 - Briga entre torcidas uniformizadas

11 - Presença de grupos extremistas

12 - Presença de extremista solitário

13 - Crimes comuns (roubo, furto, etc.)

14 - Movimentos de pressão e reivindicatórios

15 - Violência policial

Figura 19: Matriz de Priorização de Riscos: Matriz de Riscos x Matriz de Impactos Cruzados (Criticidade) x (Motricidade)

Fonte: Banco de Dados Brasiliano INTERISK

Explicação e Aplicação: Se aplicássemos somente a Matriz de Riscos, teríamos apenas o risco 02 – Manifestações com atos de vandalismos/depredações contra o patrimônio público como risco crítico.

Vejam que a miopia do líder seria, pois daria foco, alocaria recursos para um único risco. Já se o líder cruzasse a motricidade com a criticidade de riscos, temos 09 riscos como prioritários, fruto do cruzamento entre a criticidade e motrcidade. Ou seja, aumenta a abrangência do líder, diminuindo a chance da organização e ele próprio e ser surpreendido. Esta metodologia ajuda os líderes a ampliarem a sua visão e diminuem grandemente a volatidade, incerteza, complexidade e ambiguidade.

Este tipo de estudo deve ser realizado com riscos estratégicos, incertezas críticas e fatos portadores de futuro (eventos que juntos podem potencializar inúmeros cenários prospectivos).

Na Matriz de Priorização, inserimos a Matriz de Impactos Cruzados no eixo vertical e colocamos como prioritário todos os riscos motrizes, independente do nível de criticidade. A Matriz de Riscos foi inserida no eixo horizontal de acordo com os quadrantes que os riscos se encontravam. Dai a liderança terá uma visão clara e límpida dos riscos a serem tratados, focando nos que são mais importantes frente aos propósitos da organização.

8.6.4 Indicadores de Riscos

As disciplinas de riscos, de todos os riscos da organização exponencial, devem estar integradas através de um único framework juntamente com suas políticas, visando que a liderança possa ter uma visão holística dos riscos. Este é um dos desafios da liderança das empresas, pois há necessidade de realizar as análises e interpretações, com foco em identificar anomalias e os riscos mais prioritários para a organização. Ou seja, a Inteligência em Riscos Corporativos - IRC passa a atuar.

O gerenciamento de riscos, sob este enfoque, contribui para o fortalecimento e a eficácia operacional, estratégica, compliance e financeira da empresa, na medida que proporciona mecanismos de alocação de recursos para o seu emprego mais eficiente e eficaz, atingindo de forma direta a efetividade.

Portanto a função do gestor de riscos é de integrar disciplinas e gerenciar as informações das inúmeras disciplinas de riscos. O gestor de riscos tem que relacionar os diversos riscos e verificar as interdependências entre eles.

Temos que ter ciência que com o Mundo VICA, não mais condições do líder não praticar e exercitar estas ferramentas para que possa tomar melhor as suas decisões. Nesse tempo, de velocidades extremamente rápidas, a análise de riscos também teve que se adaptar, mudando o processo de identificação dos riscos, colocando foco nas suas interconexões e os potenciais efeitos-cascata que resultarão dele.

Na imagem abaixo temos o processo estratégico de Inteligência em Riscos Corporativos, onde as saídas são os indicadores que os líderes das organizações devem cobrar para que não sejam pegos de supresa.

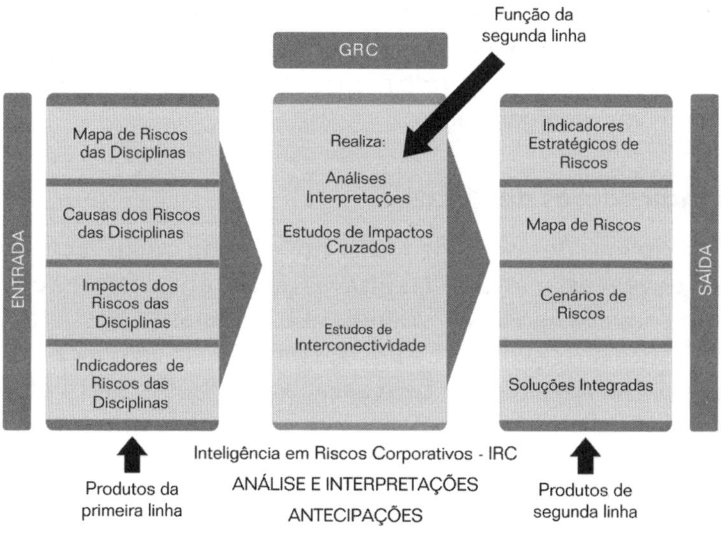

Figura 20: Processo Holístico da Inteligência em Riscos com os Produtos de Entrega para o Líder

Fonte: Banco de Dados Brasiliano INTERISK

Com este modelo a organização ganha velocidade e poder de antecipação, fatores chaves de sucesso em um mundo VICA.

TERCEIRA PARTE

Perfil do Líder para Enfrentar o Mundo Vica

9. O Perfil do Líder para Enfrentar o Mundo VICA no século XXI: Generalista ou Especialista?

O que pudemos verificar ao longo do livro é que com o tempo, foi se criando uma dicotomia entre dois aspectos essenciais na estratégia: sua formulação versus sua efetiva implementação. Esse dilema foi intensificado, opinião minha em particular e também por Henry Mintzberg, Cynthia Montgomery, pelas escolas de negócio (MBA's) e consultorias, que passaram a separar ainda mais estes dois mundos numa divisão artificialmente estabelecida. Em 1990 inúmeros estudos acadêmicos mostraram o abismo existente entre a estratégia e a execução. E as empresas, de maneira geral, continuam com dificuldade não de conceber boas estratégias, mas sobretudo mobilizar recursos humanos, financeiros, técnicos, etc..para tirá-la do papel.

No trabalho de construir uma ponte, neste mundo VICA, volátil, incerto, complexo e ambíguo, começam a surgir jovens executivos com a vontade de liderar. Temos que entender neste capítulo final que ser estrategista é ser líder. Não é um administrador de estratégia ou especialista funcional. O objetivo do líder estrategista é construir algo que não está aí. E, para fazer isso, Cynthia Montgomery, o verdadeiro líder deve confrontar as quatro questões principais:

- O que minha empresa faz pelo mundo?
- Essa atividade realmente importa?
- Há algo nela que seja raro ou difícil de imitar?
- Estamos fazendo hoje o necessário para sermos importantes amanhã?

Como líder estrategista cabe a você respondê-las.

Cynthia comenta em seu livro, o Estrategista, que a maioria dos executivos e teóricos da administração não está acostumada a enfrentar questões deste tipo, principalmente quando colocadas de forma incisiva. Ficamos mais à vontade quando nos limitamos a tópicos mais concretos: nosso mercado está encolhendo ou expandindo? O que nossos concorrentes estão fazendo?

Para ser um líder estrategista, é preciso se dispor a enfrentar constantemente novos desafios e estar aberto às formas singulares de agregar valor a seu negócio.

Para ser estrategista, é preciso estar disposto a explorar novas formas de liderença estratégica. Portanto aí vão algumas características do líder do sécuo XXI para enfrentar o Mundo VICA:

- Seja um incendiário: exige garra e iniciativa, além de vontade e curiosidade de fazer perguntas e de se arriscar (pisar em terreno minado!). A maioria não gosta de mudar o status quo, sair da zona de conforto. Schumpeter advertiu já há muito tempo que a maioria das pessoas se contenta em manter as que estão;
- Mantenha-se ágil: não é uma escolha que terá que fazer, serão múltiplas e ao mesmo tempo. Von Moltkle, discípulo do nosso General Clausewitz, compreendeu e disse:

"O comandante em chefe vai manter seu grande objetivo sempre em foco, sem se deixar desconcertar pela imprevisibilidade dos acontecimentos. Mas o caminho para a sua conquista nunca pode ser definaido firmemente com antecedência. Durante a campanha, ele deve tomar uma série de decisões com base em situações que não podem ser previstas(....). Tudo depende dele penetrar o véu das situações incertas para

avaliar os fatos, esclarecer o que não é conhecido e tomar decisões rapidamente para, em seguida levá-las adiante com força e constância."

O estrategista é como o comandante, um ato que desafia o equilíbrio.

- Convoque a sua equipe : se não lhes transmitir sua forma de pensar, elas provavelmente não vão incorporar sua estratégia em seu modo de trabalhar. A boa comunicação obriga a ouvir. Napoleão disse de outra forma: "defina a realidade, dê esperança"

A empresa moderna, dinâmica, para sobreviver a esta avalanche, tem que se reinventar constantemente, e, todas as suas áreas de negócios. O estrategista, com sua equipe, incluindo a gestão de riscos, deve acompanhar esta velocidade e ritmo frenético, tendo há a necessidade de quebrar os dogmas existentes, as regras praticadas, sair da zona de conforto, pensar fora da caixa e principalmente ser ousado para correr riscos em apostar em novas tecnologias e conceitos.

O importante é o líder enxergar que as incertezas estruturais surgem sempre do lado de fora das empresas. É um elemento fora de controle, uma variável externa incontrolável, que se não for detectada a tempo e não houver na empresa uma grande agilidade e flexibilidade em se adaptar no novo ambiente que se forma, a empresa e seu negócio morrem. Temos como exemplo atual o declínio da Dell Computers que derrubou os grandes players do mercado de computadores ao "inventarem" o "modelo de negócio sob encomenda", que lhes permitia saber exatamente quando e quais componentes eram necessários. A agilidade da sua cadeia logística na entrega ao cliente decolou, pois o nível de estoque passou a ser quase zero. Giro rápido, margens baixas com preços baixos, a Dell conquistou o mercado. Nem o líder e a sua Gestão de Riscos da Dell conseguiram enxergar que a Lenovo, com preços baixos e inovação constante, poderia ser uma grande ameaça. A Lenovo passou a ser líder de mercado, deixando a Dell e HP na poeira. Simultaneamente ocorreu outra grande mudança estrutural: A Apple, comandada pelo ousado Steve Jobs, lançou os Tablets e Smartfhones. Toda a indústria de computadores foi pega de surpresa, representou o declínio do mercado de desktops e laptops. Para a Dell era o seu fim, pois suas principais competências essenciais deixaram de ser vantagem competitiva. Faltou visão de futuro para a área de riscos/estratégia da Dell na época.

Outro exemplo atual de disrupção no modelo de negócios foi o dos taxis. O modelo econômico não mudou em décadas de tarifas reguladas e um alto preço de associação às cooperativas, o que limitava a entrada de novos concorrentes. Até que a UBER passou a oferecer "caronas" pagas, através de aplicativos e os motoristas com carro próprio. A Uber surgiu em 2012 em São Francisco – Estados Unidos. Em 2014 já estava presente nas principais cidades dos Estados Unidos e do mundo inteiro. Houve tentativa, por parte dos reguladores de impedir, mas a força do mercado foi maior e hoje é uma realidade.

O que isto significa? Significa que líder tem que estar com seus radares ligados, acompanhando as estratégias da empresa, neste mundo turbulento. Em 2016 ficou marcado como o ano da Quarta Revolução Industrial, a revolução das máquinas, baseada no uso de sistemas físicos cibernéticos onde fenômenos como a internet das coisas, impressão 3D, Big Data, inteligência artificial, só para citar algumas, deixaram de ser ficção científica e passaram a incorporar na nossa realidade.

O líder estrategista para ecarar o VICA não deve ser nem especialista ou nem generalista. O líder estrategista do século XXI deve ser Nexialista. O que? Nexi o que? Isso mesmo, temos que ser Nexialistas, pessoas que movem tudo e todos ao seu redor para atingir seus objetivos. O nexialista é um eterno insatisfeito, eterno curioso, tem o "por quê" no cotidiano e busca sempre formas melhores e mais eficientes de fazer tudo ao redor para fazer acontecer.

O nexialista, líder estrategista do século XXI, deve ter habilidade para integrar diferentes matérias ou disciplinas nas empresas, tais como psicologia, química, administração, engenharia, física, entre outras, na busca da solução. Único generalista e integrador processual entre vários especialistas focados em suas respectivas disciplinas, acaba sendo responsável pela solução holística e visão de interconectividade.

O Nexialismo significa neste século XXI, uma espécie de supra – ciência que integra de maneira sinérgica, complementar e sequencial as várias disciplinas que compõem o conhecimento humano, de modo que as atividades façam nexo entre si. Trabalhando com os paradoxos da consistência e do determinismo, sendo uma abordagem que aproveita os insights gerados por diferentes disciplinas e integra esses insights de maneira que produza resultados exponenciais.

Em um universo de especialização cada vez maior, nada mais importante de ter a visão do todo, poder enxergar a floresta além das árvores. Ser capaz de desenvolver princípios e critérios comuns para o julgamento de nossas ações.

Neste mundo cada vez mais Volátil, Incerto, Complexo e Ambíguo – Mundo VICA, é cada vez mais importante o líder estrategista possuir, não necessariamente a resposta para todas as perguntas, mas a habilidade de saber onde olhar para buscá-las.

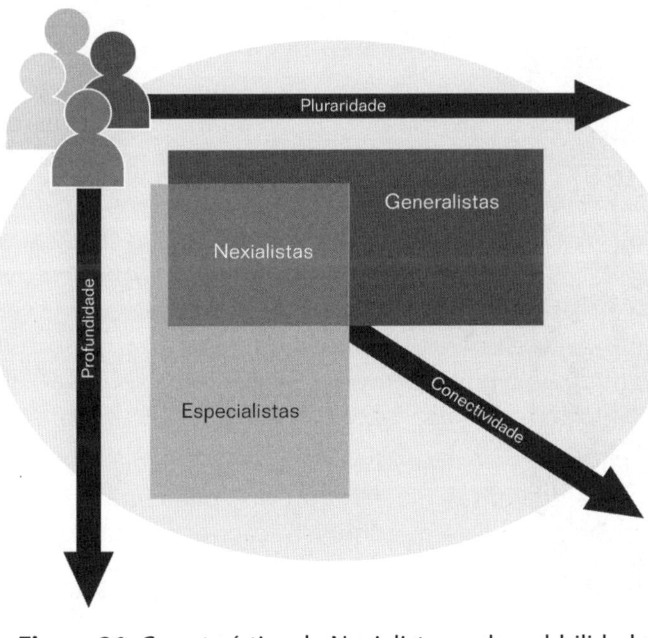

Figura 21: Característica do Nexialista, onde a ahbilidade principal é a conectividade.

Fonte: O marketing na Era do Nexo. Longo, Walter e Tavares, Zé Luis. Rio de Janeiro: BestSeller, 2009

Esta é a chave deste século XXI, entendendo que nenhuma das soluções que estamos buscando para os riscos interconectados virão de uma ferramenta específica ou de um só especialista. Faltam, em nosso mercado, ainda líderes estrategistas com a visão sinérgica e isenta que permita ter idéias e buscar soluções que integram múltiplas ferramentas e múltiplas abordagens sem peso específico ou ênfase pré-concebida a nenhuma delas. E isso porque faltam mais nexialistas, com capacidade de integrar de maneira sinérgica, equilibrada e isenta, ousadia com pertinência (coragem com responsabilidade), criatividade com tecnologia (adequação com conhecimento), tática com estratégia (resultado imediato com posicionamento perene).

	GENERALISTA	ESPECIALISTA	NEXIALISTA
CONHECIMENTO	multidisciplinar estanque	monodisciplinar profundo	multidisciplinar sinérgico
OBSERVAÇÃO	multifocal	focada	organizacional
DIAGNÓSTICO	genérico	pontual	sistêmico
RECOMENDAÇÃO	superficial	tendensiosa	isenta
SOLUÇÃO	paliativa	parcial	integrada

Figura 22: Quadro Comparativo entre as habilidades do Generalista, Especialista e Nexialista.

Fonte: O marketing na Era do Nexo. Longo, Walter e Tavares, Zé Luis. Rio de Janeiro: BestSeller, 2009

Não é apenas uma questão de conhecimento ou experiência. É uma questão de ótica e de ética. Ótica de enxergar o todo e não apenas as partes, e ética de ter a coragem de recomendar a solução ideal, e não apenas aquela que interessa e melhor remunera. Nexialismo é a totalidade concebida e aplicada. Isenta e soberana. Só através dela podemos assegurar os resultados esperados.

Este é o perfil do líder do século XXI!

10. Conclusão

Vou terminar este livro, com a conclusão de que precisamos sempre bucar algo, nunca estar satisfeito. Nossa sociedade precisa mais e mais de verdadeiros Nexialistas, que possam provocar mudanças nas mais diversas esferas, com o objetivo de deixar um mundo melhor para as próximas gerações.

Precisamos de líderes estrategistas que se destaquem. Que rompam o "Status Quo"!

> *"Alguém precisa tomar a frente. É fácil acompanhar a maioria. Pode parecer estranho fazer ou dizer algo diferente. Mas sem essa inquietação não existe liberdade. No momento em que você dá o exemplo, quebra-se o encanto exercido pelo status quo, e outros imitarão."*
>
> *Timothy Snyder*

Lendo o livro recentemente publicado no Brasil, junho de 2017, pela Editora Cia das Letras, do historiador Timothy Snyder, denominado Sobre a Tirania – Vinte Lições do Século XX para o presente, onde o autor mobiliza reflexões históricas para pensar a situação política presente. O historiador Timothy esclarece que a democracia entrou em colapso na Europa entre as décadas de 1920 e 1940, e está ameaçada atualmente não só em parte do continente europeu como também em outros lugares do mundo.

Partindo da premissa de que o conhecimento das experiências passadas nos revela o lado sombrio de futuros possíveis, Timothy apresenta vinte lições tiradas do século XX e adaptadas para o mundo de hoje.

Especificamente no capítulo oito, com o título que usurpei para esta conclusão, destaque-se, Timothy nos faz recordar a questão da aceitação passiva do status quo de populações, e ou pessoas, que teoricamente deveriam ter uma resistência virtuosa como por exemplo contra Hitler. O autor cita inúmeros casos desta passividade e automaticamente associei a questão que debatemos o livro todo, ou seja, a atitude e postura do líder estrategista e seu staff em algumas empresas públicas e privadas, em realçao ao triste acontecimento de simplesmente tenha ficado condencendentes com o status quo.

Todos nós sabemos, como já foi dito pelo Schumpeter, que a maioria das pessoas irão preferir ficarem na zona de confornto, não irão se arriscar, colocar as cabeças para fora da trincheiras. Como estas pessoas irão enfrentar um staff sobre demanda, quando receberem a notícia que suas capacitações não valem mais? Afinal estamos em uma época que temos que nos inventar o tempo todo: novas ideias e profissões. Ou seja, todos sentem, mas esperam sentados a pancada que logo virá, preferem acreditar que algum milagre irá acontecer. Incrível!! É um comportamento que busca ocultar o problema, pois é uma situação que não é desejável ser exposta. Etimologicamente, o termo "tácito" se originou a partir do latim *tacitus*, que significa "não expresso em palavras" ou "silencioso". No caso deste contexto empresarial, o silêncio tácito é uma ação, expressão ou característica que não se mostre ou explique, mas que pode ser perceptível de modo implícito.

Perguntas que podemos fazer, se fizermos um paralelo aos casos empresariais descritos neste livro: como pessoas inteligentes, perspicazes, se deixaram se iludir com o canto da sereia? Porque dogmatizaram suas estratégias? Como não perceberam os sintomas do mercado? Ficaram cegas, surdas e mudas? Paralizaram pelo sucesso? Olhavam somente os resultados trimestrais?

Fazendo um paralelo com que o historiador Timothy Snyder discorre como o crescimento do nazismo foi numa escala exponencial: "Na década de 1930, porém, as posturas predominantes eram de acomodação e admiração. Em 1940 a maioria dos europeus aceitava o poder aparentemente irresistível da Alemanha nazista. Americanos influentes, como Charles Lindbergh, opunha-se à guerra contra os nazistas... Os que hoje recordamos e admiramos são aqueles que eram considerados excepcionais, excêntricos ou mesmo insanos na sua época – aqueles que se recusavam a mudar enquanto o mundo ao redor se transformava."

Em março de 1938, ninguém, nenhum país, gritou ou ofereceu resistência quando Hitler anexou a Áustria. Em novembro do mesmo ano, a França, Itália e a Inglaterra, governada pelo primeiro ministro Neville Chamberlain, chegaram a cooperar com a Alemanha nazista na divisão da Tchecoslováquia. Em 1939, a Rússia se uniu a Hitler para invadirem a Polônia. Neste caso o governo Polonês optou por cair lutando e ainda ativou acordos diplomáticos com a França e Inglaterra. Hitler com sua estratégia da blitzkrieger, ocupou Holanda, Noruega, Bélgica e até a França, no primeiro semestre de 1940. A Força Expedicionária Britânica foi evacuada do continente em Dunquerque, em princípios de junho.

Quando Churchill assumiu como primeiro ministro, em maio de 1940, a Inglaterra estava sozinha! Os ingleses não tinham nenhum aliado de peso! Hitler esperava que Churchill aceitasse uma composição depois da queda da França. Não foi o que Churchill fez! Ele disse: "Vamos lutar sempre e para sempre". A Alemanha passou a bombardear as cidades inglesas, na esperança que isso forçasse Churchill a assinar um armistício. Os outros políticos, com certeza iriam buscar apoio na opinião pública para acabar com a guerra. Em vez disso Churchill resistiu, inspirou e venceu! A Real Força Área, com ajuda de esquadrões poloneses e de inúmeros pilotos estrangeiros, conseguiu rechaçar a *Lutwaffe*. Sem apoio do ar, Hitler não podia realizar uma invasão anfíbia pelo Canal da Mancha.

Churchill fez os que os outros não tinham feito. Em vez de conceder de antemão, obrigou Hitler a mudar seus planos. Não ficou acomodado, muito menos passivo.

Se Churchill não tivesse mantido a Inglaterra na guerra em 1940, sozinho, sequer teria havido a Segunda Guerra Mundial.

O que isso interconecta com os líderes estrategistas? Tudo!

Diante de situações extremas que podemos enfrentar, não podemos perder os nossos valores, temos que resistir e se destacar, quebrando o status quo. Somente desta forma conseguirão dirigir a empesa no meio da bruma, com sua acuidade perceptiva ligada.

O que não pode ser é conformistas. Ter medo de perder, ter medo de arriscar. Os conformistas, por medo e fraqueza moral, deixam acontecer as grandes atrocidades empresariais.

Você é um conformista? Não? Então está apto a ser um líder estrategista para o século XXI!

Bibliografia

ABREU, Francisco. Estratégia – O Grande Debate: Sun Tzu e Clausewitz. Lisboa: Edições Colibri, 2000.

ADAMS, John. Risco. São Paulo: Editora Senac São Paulo, 2009.

ALVES, José Lopes. Estratégia – Panorama Geral da sua Teoria. Lisboa: Publicações Dom Quixote, 1998.

ANSOFF, H. Igor. Estratégia Empresarial. São Paulo: Editora McGraw-Hill do Brasil, 1977.

ARON, Raymond. Paz e Guerra entre as Nações. Brasília: Universidade de Brasília, 2002.

ARON, Raymond. Pensar a Guerra, Clausewitz (Volume 01). Brasília: Universidade de Brasília, 1986.

BEAUFRE, André. Introdução à Estratégia. Rio de Janeiro: Biblioteca do Exército, 1998.

BERNSTEIN, Peter L. Desafio aos Deuses: A fascinante História do Risco. Rio de Janeiro: Campus, 1997.

BRASILIANO, Antonio Celso Ribeiro. Riscos Cibernéticos: Coletânea de Artigos. São Paulo: Editora Sicurezza, 2017.

BRASILIANO, Antonio Celso Ribeiro. Inteligência em Riscos Corporativos. São Paulo: Editora Sicurezza, 2016.

BRASILIANO, Antonio Celso Ribeiro. Gestão de Continuidade de Negócios – GCN. São Paulo: Editora Sicurezza, 2014.

BRASILIANO, Antonio Celso Ribeiro. Cenários Prospectivos em Riscos Corporativos: Estudo de Caso Brasileiro. São Paulo: Editora Sicurezza, 2010.

BRASILIANO, Antonio Celso Ribeiro. Análise de Risco – Método Brasiliano. São Paulo: Editora Sicurezza, 2006.

BRASILIANO, Antonio Celso Ribeiro. A (IN) Segurança nas Redes Empresariais: A fuga involuntária das Informações e a Inteligência Competitiva. São Paulo: Editora Sicurezza, 2003.

BRASILIANO, Antonio Celso Ribeiro. Manual de Planejamento: Gestão de Riscos Corporativos. São Paulo: Editora Sicurezza, 2003.

BRASILIANO, Antonio Celso Ribeiro. Metodologia para Elaborar Cenários Prospectivos em Riscos Corporativos – Revista Proteger, número 41, nov/dez 2002.

BRASILIANO, Antonio Celso Ribeiro. Metodologia para a Identificação de Riscos Estratégicos, Revista Proteger, número 45, abril/maio 2004.

BRASILIANO, Antonio Celso Ribeiro.Transformando Informações em Inteligência, através da Análise, Revista Proteger, número 48, janeiro /fevereiro 2005.

CAMINHA, João Carlos Gonçalves. Delineamentos da Estratégia. Rio e Janeiro: Biblioteca do Exército, 1982.

CARDOSO, Alberto Mendes. Os Treze Momentos: Análise da Obra de Sun Tzu. Rio de Janeiro: Biblioteca do Exército, 1987.

CHARAN,Ram.Ataque: Transforme Incertezas em Oportunidades.São Paulo: HSM, 2015.

CLAUSEWITZ, Carl Von. A Campanha de 1812 na Rússia. São Paulo: Martins Fontes, 1994.

CLAUSEWITZ, Carl Von. Da Guerra. São Paulo: Martins Fontes, 1996.

CLAVELL, James. A Arte da Guerra – Sun Tzu. Rio de Janeiro. Editora Record, 1983.

COELHO, Gilda Massari Sistemas de Inteligência Competitiva. Rio de Janeiro: UFRJ/ECO; CNP/q/BICT; MCT/INT. Apostila do Curso de Especialização em Inteligência Competitiva, 2000.

COSTA, Leonardo Graziadei. Gestão do Conhecimento Estratégico. O Chief Knowledge Officer e Algumas Noções Básicas de Gestão do Conhecimento Necessária a Gestão Estratégica. Trabalho apresentado no I WorkShop Brasileiro de Inteligência Competitiva e Gestão do Conhecimento. 1999.

COUTINHO,André; BONASSI, Saulo. O Ativista da Estratégia. Rio de Janeiro: Campus, 20111.

DAMODARAN, Aswath. Gestão estratégica do risco: uma referência para a tomada de riscos empresariais. Porto Alegre: Bookman, 2009.

D' AVENI, Richard A. Hipercompetição: Estratégias para Dominar a Dinâmica do Mercado. Rio de Janeiro: Editora Campus, 1995.

DE MATOS, Francisco Gomes. Estratégia de Empresa. São Paulo: Makron Books, 1993.

DEFARGES, Philippe Moreau. Problemas Estratégicos Contemporâneos. Rio de Janeiro: Biblioteca do Exército, 1999.

DIAMANDIS, Peter H.; KOTLER,Steven. Oportuninades Exponenciais. São Paulo: HSM, 2016

DRUKER, Peter. Desafios Gerenciais para o Século XXI. São Paulo: Editora Pioneira, 1999.

DUNNIGAN, James & MASTERSON, Daniel. A Sabedoria dos Maiores Estrategistas – Táticas e Técnicas de Guerra em Administração. São Paulo: Futura, 2000.

FILHO, Amerino Raposo. Dimensões da Estratégia – Evolução do Pensamento Estratégico. Rio de Janeiro: Biblioteca do Exército, 1990.

GAJ, Luis. Tornando a Administração Estratégica Possível. São Paulo: McGraw-Hill, 1990.

GATES, Bill. A Empresa na Velocidade do Pensamento: Com um Sistema Nervoso Digital. São Paulo: Companhia das Letras, 1999.

GHYCZY, Tiha Von & OETINGER, Bolko Von & BASSFORD, Chsistopher. Clausewitz e a Estratégia. Rio de Janeiro: Campus, 2002.

GODET, Michael. Emploi:Le Grand Mensonge. França: Paris, Éditions Fixot, 1994.

GODET, Michael. Manual de Prospectiva Estratégica. Lisboa: Publicações Dom Quixote, 1993.

GODET, Michael. Manuel de Prospective Stratégique. França: Editorial Dunod, Vol ! Une Discipline Intelectuel, 1997

GODET, Michael. Méthode dês Scenários. França: Futuribles, 1983.

GODET, Michael. Prospective et Planification Stratégique. França: Paris, CPE, 1985.

GODET, Michel. Scenarios and Strategic Management. London : Butterworths Scientific, Ltd., 1987.

GODET, Michel; ROUBELAT, Fabrice. Creating the future: The use and misuse of scenarios. Long Range Planning, v. 29, n. 2, p. 164-171, 1996.

GOVINDARAJAN,Vijay. A Estratégias das 3 Caixas. São Paulo: HSM,2016

HART, Liddell. As Grandes Guerras da História. São Paulo: Ibrasa, 1982.

HART, Liddell. Estratégia – Conceituação e Emprego em 25 Séculos. Rio de Janeiro: Biblioteca do Exército, 1966.

HART, Liddell. O Outro Lado da Colina. Rio de Janeiro: Biblioteca do Exército, 1980.

HEIJDEN, Kees Van Der. Planejamento de Cenários: A arte da conversação estratégica. São Paulo: Bookman, 2004.

ISMAIL, Salim; MALONE, Michael S.; VAN GEEST, Yuri. Organizações Exponenciais. São Paulo: HSM, 2015

JUNIOR, Domício Proença & DINIS, Eugenio & RAZA, Salvador Ghelfi. Guia de Estudos de Estratégia. Rio de Janeiro: Jorge Zahar, 1999.

JUNIOR, Domício Proença & DINIS, Eugenio. Política de Defesa no Brasil – Uma Análise Crítica. Brasília: Universidade de Brasília, 1998.

KIM, W. Chan e MAUBORGNE, Renée. A Estratégia do Oceano Azul: Como citar novos mercados e tornar a concorrência irrelevante. Editora Campus, 2005.

KOTLER,Steven; WHEAL, Jamie. Roubando o Fogo: A Ci~encia por trás sos Super-Humanos. São Paulo: HSM, 2017

KOTTER,John P.Acelere: Tenha Agilidade Estratégica Num Mundo em Constante Transformação. São Paulo: HSM, 2014.

LAUDARES, Paula. Gestão Estratégica: O Caminho para a Transformação. Belo Horizonte. INDG, 2008

LAURINDO, Fernando José Barbin; DE CARVALHO, Marly Monteiro. Estratégia Competitiva: dos Conceitos à Implementação. 2ª Edição. São Paulo: Atlas, 2007.

FERREIRA, Manuel Portugal; PEREIRA, Fernandes Maurício; SERRA, Fernando Antonio Ribeiro. Estratégia em Diferentes Contextos Empresariais. São Paulo: Atlas, 2010.

LEVIT, Theodore. A Imaginação de Marketing. Volume 1, São Paulo: Editora Atlas, 1990.

LIDER, Julian. Da Natureza da Guerra. Rio de janeiro: Biblioteca do Exército, 1987.

LONGO,Walter; TAVARES, Zé Luiz. O Marketing na Era do Nexo: Novos Caminhos num Mundo de Múltiplas Opções. Rio de Janeiro: Best-Seller, 2009.

LONGO, Walter. Marketing e Comunicação na Era Pós- Digital: As Regras Mudaram. São Paulo: HSM, 2014

MCCHRYSTAL, Stanley. Team of Teams. New York: Portfolio/Penguin, 2015.

MAQUIAVEL, Nicolau. Da Arte da Guerra. Bauru, SP: Edipro, 2002.

MAQUIAVEL, Nicolau. O Príncipe. São Paulo: Martins Fontes, 1996.

MARCIAL, Elaine Coutinho e Grumbach, Raul. Cenários Prospectivos: Como Construir um futuro melhor. Rio de Janeiro:FGV Editora, 2002.

MARCIAL, Elaine Coutinho, GRUMBACH Raul José dos Santos. Cenários Prospectivos: Como Construir um Futuro Melhor. Rio de Janeiro: FGV Editora, 2002.

MAGRETTA,Joan.Entendendo Michael Porter: O Guia Essencial da Competição e Estratégia.São Paulo: HSM, 2012.

MARK, Robinson L. Competitive Intelligence Security. Competitive Intelligence Magazine v 4, p. 14-16, 2001.

MCNEILLY, Mark. Sun Tzu e a Arte da Guerra Moderna. Rio de janeiro: Record, 2003.

MILANI JR, Angelo & CANONGIA Claudia. Como Melhorar a Competitividade das Pequenas e Médias Empresas Brasileiras, através da Inteligência Competitiva (Trabalho apresentado no I WorkShop Brasileiro de Inteligência Competitiva & Gestão do Conhecimento), 2000.

MILLER, Jerry P.O. Milênio da Inteligência Competitiva. Porto Alegre: Bookman, 2002.

MILLER, Stephen H. & PRESCOTT, John E. Inteligência Competitiva na Prática. Rio de Janeiro: Campus, 2002.

MINTZBERG, Henry. Ascensão e Queda do Planejamento Estratégico. Porto Alegre: Bookman, 2004

MINTZBERG, Henry; AHLSTRAND,Bruce; LAMPEL, Joseph. Safári da Estratégia.Porto Alegre: Bookman,2000.

MINTZBERG, Henry; LAMPEL Joseph; Quinn, James Brian; Ghoshal, Sumantra.O Processo da Estratégia: Conceitos, Contextos e Casos Selecionados.4ª Edição. Porto Alegre: Bookman, 2006

MONTGOMERY, Cynthia A.O Estrategista. Rio de Janeiro: Sextante, 2012.

NANDRAM, Sharda S.; BINDLISH K.Puneet, Editors. Managing VUCA Through Integrative Self – Management. Switzerland: Springer International Publishing, 2017

NOBREGA, Clemente. Em Busca da Empresa Quântica. São Paulo: Ediouro, 1998.

PARET, Peter. Construtores da Estratégia Moderna – Tomo 2. Rio de Janeiro: Biblioteca do Exército, 2001.

PARET, Peter. Construtores da Estratégia Moderna. Rio de Janeiro: Biblioteca do Exército, 2001.

PORTER, Michael E. Estratégia Competitiva: Técnicas para Análise de Indústrias e da Concorrência. Rio de Janeiro: Editora Campus, 1986.

PORTER, Michael E. Competição On Competition: Estratégias Competitivas Essenciais. Rio de Janeiro: Editora Campus, 1999.

PORTER, Michael E. Vantagem Competitiva: Criando e Sustentando um Desempenho Superior. Rio de Janeiro: Editora Campus, 1989.

PORTO, Cláudio & NASCIMENTO Elimar & BUARQUE Sérgio. Cinco Cenários para o Brasil: 2001 – 2003. São Paulo: Nórdica, 2001.

PRAHALAD, C. K. Competindo pelo Futuro: Estratégias Inovadoras para Obter o Controle do seu Setor e Criar os Mercados de Amanhã. Rio de Janeiro: Editora Campus, 1995.

PRICE, Derek J. S. Litte Science, Big Service. New York: Columbia Universty Press, 1963.

RAMSEY, Douglas K. Os Guerreiros dos Negócios. São Paulo: Editora Record, 1987.

REBOUÇAS, Djalma de Pinho. Estratégia Empresarial – Vantagem Competitiva. São Paulo: Editora Atlas, 2001.

REBOUÇAS, Djalma de Pinho. Planejamento Estratégico. São Paulo: Atlas, 1988.

REEVES,Martin;HAANES, Knut; SINHA, Janmejaya. Sua Estratégia Precisa de Uma Estratégia: como eleger e Colocar em Prártica.São Paulo: DVS Editora, 2015

ROCHA, Rodrigo. Sistema de Estratégia Minimalista. São Paulo: HSM, 2016.

SANTOS, Francisco Ruas. Arte da Guerra. Rio de Janeiro: Biblioteca do Exército, 1998.

SANTOS, J. Loureiro dos. Incursões do Domínio da Estratégia. Lisboa: Editora Fundação Calouste Gulbenkian, 1983.

SCHWARTZ, Peter. A arte da Visão de Longo Prazo: Planejando o Futuro em um Mundo de Incertezas. São Paulo: Best Seller, 1991.

SCHWARTZ, Peter. Cenários: As surpresas inevitáveis. Rio de Janeiro: Editora Campus, 2003.

SEGALL,Ken. Incrivelmente Simples: A Obsessão que levou a Apple ao Sucesso. Rio de Janeiro: Campus,2012

SCHWAB, Klaus. A Quarta Revolução Industrial. São Paulo: Edipro, 2016.

SLOAN, Alfred P. Meus Anos com a General Motors. São Paulo: Negócio Editora, 2001.

SLYWOTZKY, Adrian J. e WEBER, Karl. Do risco à oportunidade: As 7 estratégias para transformar ameaças em fatores de crescimento. Rio de Janeiro: Elservier, 2007.

STACEY, Ralph. O Pensamento Estratégico e Gestão da Mudança. Lisboa: Publicação Dom Quixote, 1998.

STOLLENWERK, Maria Fátima. Gestão do Conhecimento, Inteligência Competitiva e Estratégia Empresarial: em busca de uma abordagem integrada. (Trabalho apresentado no I Workshop Brasileiro de Inteligência Competitiva e Gestão do Conhecimento), 1999.

STOLLENWERK, Maria Fátima. Sistemas de Inteligência Competitiva. Rio de Janeiro: MCT/INT; CNPq/IBICT; UFRJ/ECO. Apostila do Curso de Especialização em Inteligência Competitiva – CEIC, 2000.

TARAPANOFF, Kira (Organizadora). Inteligência Organizacional e Competitiva. Brasília: Editora UNB, 2001.

TZU, Sun & PIN, Sun. A Arte da Guerra. São Paulo: Martins Fontes, 2002.

TZU, Sun. A Arte da Guerra – Os Documentos Perdidos. Rio de Janeiro: Record, 1997.

TZU, Sun. A Arte da Guerra – Uma Nova Interpretação. Rio de Janeiro: Campus, 2001.

TZU, Sun. A Arte da Guerra. Rio de Janeiro: Record, 1983.

WADE, Woody. Planejando Cenários: Guia Prático para se Preparar para o Futuro do seu Negócio. São Paulo: Editora Saraiva, 2013

WRIGHT, Quincy. A Guerra. Rio de Janeiro: Biblioteca do Exército, 1988.

Sobre o Autor

Prof. Dr. Antonio Celso Ribeiro Brasiliano,
CRMA, CES, DEA, DSE, MBS

Doutor em Science et Ingénierie de L'Information et de L'Intelligence Stratégique (Ciência e Engenharia da Informação e Inteligência Estratégica) pela UNIVERSITÉ EAST PARIS – MARNE LA VALLÉE – Paris – França; Master Degree – Diplome D´Etudes Approfondies (DEA) en Information Scientifique et Technique Veille Technologique (Inteligência Competitiva) pela UNIVERSITE TOULON – Toulon – França; Especializado em: Inteligência Competitiva pela Universidade Federal do Rio de Janeiro – UFRJ; Gestión da Seguridad Empresarial Internacional – Universidad Pontifícia Comillas de Madrid – Espanha; Curso de Gestión de la Seguridad Empresarial – Universidad Pontifícia Comillas de Madrid – Espanha; Planejamento Empresarial, pela Fundação Getúlio Vargas – SP; Elaboração de Currículos pelo Centro de Estudos de Pessoal do Exército – CEP, Bacharel em Ciências Militares, graduado pela Academia Militar das Agulhas Negras; Bacharel em Administração de Empresas – Universidad Mackenzie; Certificado em Gestão de Riscos – Certification in Risk Management Assurance – CRMA, pelo IIA Global – Institute of Internal Auditors, Certificado como Especialista em Segurança Empresarial – CES pela ABSO. Autor dos livros: Inteligência em Riscos: Gestão Integrada em Riscos Corporativos; Gestão de Risco de Fraudes , Fraud Risk Assessment – FRA, "Gestão de Continuidade de Negócios – GCN"; Guia Prático para a Gestão de Continuidade de Negócios, Cenários Prospectivos em Gestão de Riscos Corporativos: um estudo de caso brasileiro; " Gestão e Análise de Riscos Corporativos: Método Brasiliano Avançado" – Alinhado com a ISO 31000; "Análise de Risco Corporativo – Método Brasiliano"; "Manual de Análise de Risco Para a Segurança Empresarial"; "Manual de Planejamento: Gestão de Riscos Corporativos"; "A (IN)Segurança nas Redes Empresarias: A Inteligência Competitiva e a Fuga Involuntária das Informações"; "Planejamento da Segurança Empresarial: Metodologia e Implantação"; Coautor dos Livros: "Dicionário de Crime, Justiça e Sociedade", lançamento em Portugal onde colaborou com especialistas portugueses e demais países da Europa, sendo o único brasileiro a participar com textos sobre Fraudes Corporativas; "Manual de Planejamento Tático e Técnico em Segurança Empresarial"; "Segurança de Executivos" – Noções Antissequestro e Sequestro: Como se Defender; ; Idealizador da Solução em **Inteligência em Riscos Corporativos INTERISK**; Professor Convidado do IPT da USP do Programa de Mestrado, para aulas de Análise de Riscos, da Fundação Dom Cabral e da Faculdade Trevisan para Cursos de Gestão de Riscos. Atual Coordenador Técnico e Professor do MBA – Gestão de Riscos Corporativos e Cursos de Extensão nos temas de Riscos, Compliance, Gestão de Continuidade de Negócios, Auditoria Baseada em Riscos, Controles Internos, Segurança Corporativa, todos em convênio com a Faculdade de Engenharia de São Paulo – FESP; Membro do Institute of Internal Auditors IIA; do Instituto dos Auditores Internos do Brasil – IIA Brasil; Membro da Associação Brasileira de Profissionais de Segurança Orgânica – ABSO. Coordenou a 1ª Pesquisa de Vitimização Empresarial 2003 – Contrato pela PENUD/ONU/SENASP; profissional com mais de 25 anos de experiência em Gestão de Riscos, palestrante nacional em inúmeros eventos da área de riscos, compliance, auditoria, controles internos e segurança corporativa. Palestrante Internacional em eventos na Argentina, Paraguai, África e Japão (convidado pelo Organização Pan-Americana de Saúde – OPAS, como expert em Planos de Contingência, na Conferência Mundial de Redução de Desastres, Yokohama). Experiência internacional em consultoria GRC em Portugal, Cabo Verde, Angola, Moçambique, Uruguai, Argentina, Paraguai, Colômbia, México. Membro da Comissão de Estudo Especial de Gestão de Riscos da ABNT/CEE-63 – ISO 31000/31010/31004 – Gestão de Riscos e ISO 22301/22313 Gestão de Continuidade de Negócio – Segurança da Sociedade. É Diretor-presidente da **BRASILIANO INTERISK**.

Dados Técnicos:

• Formato:	14 x 21 cm
• Mancha:	11 x 18 cm
• Fonte:	Myriad Pro
• Corpo:	11
• Entrelinha:	13
• Total de Páginas:	144
• 1ª Edição:	2017